擁抱絲路

斯人斯土與征途

|作者　張志龍|

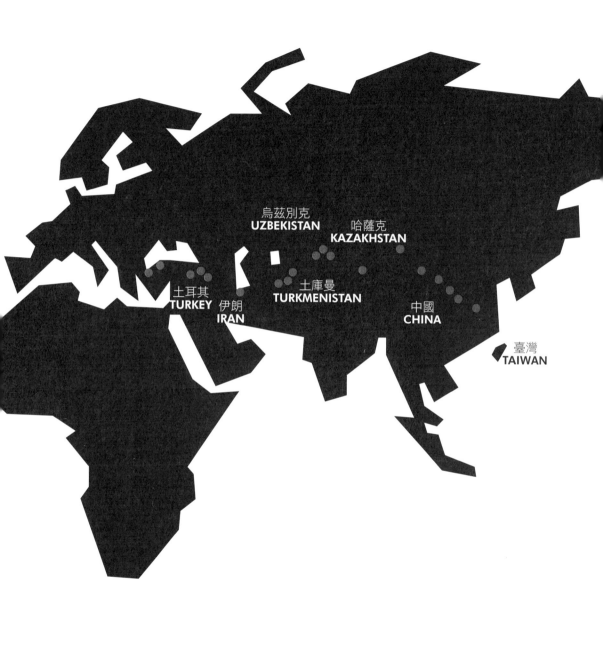

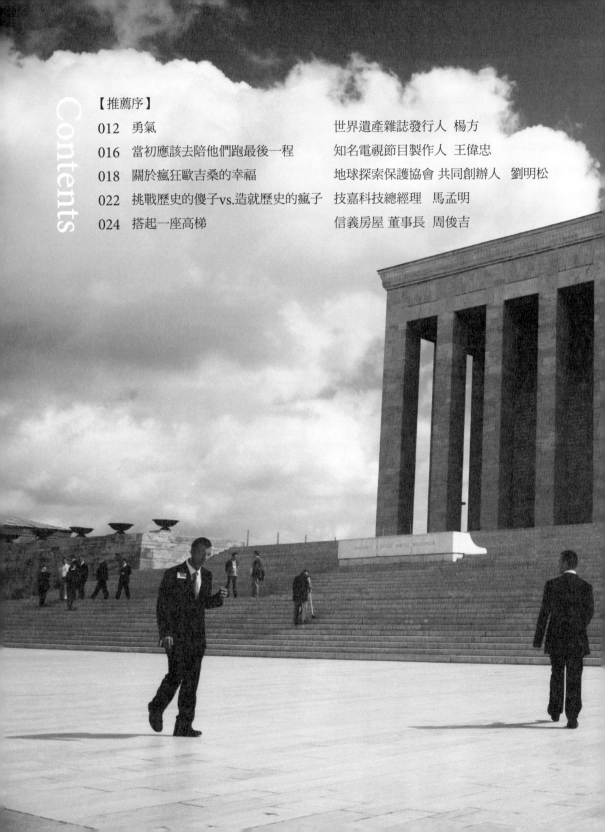

Contents

Contents

Contents

勇氣

一個人，需要多大勇氣，才能不回頭？

一個人，需要多麼樂觀，才能不退縮？

一個人，需要多少信仰，才能不氣餒？

七世紀的中國僧人、十五世紀的西歐水手、十八世紀的耶穌會神父，在不同的年代、未知的領域，一再綻放人類永無止境的創造性光芒，挑戰知識的極限、深入靈性的探究。 探險，可以說是人類文明發展中最戲劇化的活動。文化與科技在一個個試探的過程中流動，讓古老文明再現，讓最深海溝、最高峰頂、地球兩極一一現蹤、不再神秘。探險是科學活動，卻時時充滿哲學的對話；在豪氣干雲的沖天壯舉之下，更需要細膩的文化論述，於是那故事才得以被浪漫的轉述、傳世。

從一開始，志龍就很清楚自己即將踏上的不僅僅是一個極限運動的路程，或是一個半百人生的探索，還有那兩千年來草原上人類的夢想、期待、悲歡離合與生存。在這一條承載人類千年文明與記憶的征途中，每個人都將是古老絲路商隊裡的一員，要獨自面對不變的日出日落與無止境的地平線，在繁華落盡之前努力找到心靈最安全的角落。我無從體會那種忐忑。

在倒數的滴答聲中，籌畫經年的各個項目逐漸歸位；嚴格挑選的隊友開始投入艱苦的訓練；地勤支援將要落實到一無差錯；更重要的

是讓這一切轉動的資金應該準時到位。然而，時間永遠不夠、資源永遠不足、墨菲定律永遠有效。我無從經歷那種不安。

號稱134國免簽證的外交成績在這條路上無一適用，征途中的協調折衝無時無刻。猶如關雲長的五關斬將，輜重與人員的磨合在每一個國度重新開始，理性與感性不斷衝突；要照顧前線隊員的身心體能、要鼓舞後方團隊的士氣；外交領域的戰戰兢兢、地方關係的縱橫捭闔；無視疲憊指數與感官的麻木，征途中的公關戰場必須風光亮麗 …… 我無從想像那心力交瘁。

《世界遺產雜誌》陪伴「擁抱絲路」15個月，用了5期的篇幅感性記錄下故事的一部分。我曾經瞪視著若軒傳來的一張照片久久不能移動目光，那是Jodi Bloomer告別團隊的心碎時刻，情緒、光線、構圖都極好。我把這張照片選入2011年7月出刊的《世界遺產雜誌》第14期。從志龍的回憶裡我知道了故事的始末；現在，透過照片，我仍然能感染Jodi壯志未竟的悲痛，像戰士被迫離開戰場，而那不過是起跑的第2天，後面還有148天，9,800公里。

Jodi事件似乎對應了某種想像，認為女性不適合這樣極端陽剛的極限運動，但「大家都為隊中有位女跑者感到新鮮、也有所期待……」，事與願違的遺憾之下也映襯出決策過程的複雜與艱難。

這張照片（第101頁），比起迎向曙光的長跑勇者或是千年古城的絲路意象，更能呈現「擁抱絲路」的真實運作，我猜，也印證了志龍的觀察：「在這樣的極限耐力運動裡，弱者的意志力堅持會得到較多的同情與支持，而強者則會感受高處不勝寒的唏噓。」

志龍的文字讓我重新回憶了斯文・赫定的探險鉅著《我的探險生涯》（My Life As An Explorer），類似的冷靜、抑制以及無可隱藏的熱切與珍愛貫串了每個篇章；極為流暢的清晰文筆，論述了南島民族波瀾壯闊的冒險、萌發於中世紀歐洲騎士精神的大航海探索以及達爾文石破天驚的天擇說，作為《擁抱絲路》的理論基礎，向張騫鑿空以來每一位絲路探險家所代表的人類創造性天才致敬。回首來時路，步步驚心，「如同歷史上的冒險：探索者無法預知這旅程會面臨的挑戰，也無從預測你所獲得的是否一如初衷。」「擁抱絲路」最大的成功在於平安結束，讓人感到莫大的安慰。

楊方
中華世界遺產協會理事長
世界遺產雜誌發行人

／推薦序／ Forword

當初應該去
陪他們跑最後一程

人往往在一陣子吃喝拉撒睡之中，有些人已經完成了一些不可能的任務。

張志龍年輕時任職外商，因找我拍廣告而結緣。若干年後，他帶著「台灣之光」林義傑來找我，提出了一「擁抱絲路」的壯舉。我在一陣應付中，又看到了一「前中年更年期」的老弟在「吃飽了撐著」！

漸漸的，他們準備出發了，最後當然完成了！

我又像看任何傳奇小說一樣，睡前燈下拿起這本《擁抱絲路》的新書，去夢遊意淫人家辛苦換來的成就。半途起身尿尿，對著便池前鏡中亂髮腫眼的自己說：「當初應該答應他們去陪他們跑最後一程的……『雪特』！」

王偉忠
知名電視節目製作人
金星娛樂事業有限公司總經理

／推薦序／ Forword

關於瘋狂歐吉桑的幸福

「我們做到了！」

這是Richard在絲路團隊進入終點——西安，所舉辦完跑記者會現場上，對著中外媒體及嘉賓講的第一句話。我站在控台邊幾乎無法控制眼眶裡打轉的滾燙淚水。我不會哭，我發過誓當這件事完成時，不論是哪一種情感的哭泣，都不被允許！請不要問為什麼？那只是我，另外一種無名的自以為是。

寫「序」，這是離我遙遠的字眼，也是我人生一直拒絕又害怕的請託，唯獨這件事，我有原罪！這其實是我極度任性天真和血液裡永不放棄的基因所肇始的狂想。

身為共同發起人，我是最幸福的那一個！因為我只負責作夢，和繼續發想把夢做大！

所以當這個，會是人類史上第一，穿越七個國家10000公里150天不停止的古絲路長跑活動將被啟動時，我一直堅信這件事——就是必須不計一切方法，懇請Richard來擔任執行長，主持一切，才能完成大夢。我一向志大才疏但有自知之明，深信「將帥無能，累死三軍」的道理，如果沒有他，我相信，這個案子今天仍然會繼續躺在櫃子裡蒙塵。

對我而言，這是一場美好的仗。我看了一遍又一遍；我們的文件、說帖、手冊、網站、無數的相片、影片、新聞報導、E-mail、簡訊和留下的雜記……

回想這一路1000多個日子的打拚，心中五味雜陳，真不知道當時一起燃燒的是什麼樣的勇氣，而堅信一定會完成又依靠著何種信仰鬥志，尤其不會忘記，在甘肅往蘭州的那一段。

對Richard而言，我相信，這只是他要面對幾萬個大小問題的其中之一。我們披星戴月穿過河西走廊，帶著紅酒月餅和藥品，根本忘了那是多長的路程，只是堅持為團隊在秋節時傳遞溫暖，同時解決不同國籍夥伴嚴重的對立及分歧。

那一夜在沙漠公園，從嚴峻的領隊會議，陽春的晚飯和終於喧鬧的加油乾杯聲中，午夜回到帳篷，我整夜的無眠，聽著一個又一個夥伴的打呼聲此起彼落，沒有任何的睡意，回想他們過去的100多個日子，只有不捨。

凌晨3點，廚師開始準備早餐，4點，大家陸續起床，團隊裡每個人完全自發的投入份內工作。5點，跑者出發了，一眼望去整個營地，乾乾淨淨，好像什麼事都沒發生過。

由於我要趕飛機，在Richard及大夥的擁抱下倉皇離去。在暗暗的

天色裡，我心情一直劇烈的起伏；西安，其實已經在眼前了，但那種莫名的不真切和認生，及伊於胡底的寒愴落寞，也只有Richard能共鳴了解。

何其有幸，我能先拜讀大作二遍！這裡面不只有哲學、地理、人文、歷史、宗教和探險故事。
它其實是一個老男人，中年轉彎浪漫情懷的一種華麗出軌。

相較過去，道貌岸然講起國際營銷策略，見解精闢言語犀利，觀點充滿知識性傲慢的Richard，這一路我重新感受，他太多溫度人性緩慢包容和放下工具分析的美麗柔軟線條。我深刻的相信，對於45歲以上的男人，這星球絕不缺少專業卓絕的經理人，但這世界卻極度缺乏瘋子，會巔狂作夢又能漂亮完成的「專業瘋子」！

這是Richard的故事，歡迎進入他的世界，Enjoy it！

劉明松
地球探索保護協會 共同創辦人

Sean Liu

／推薦序／ Forword

挑戰歷史的傻子 vs. 造就歷史的瘋子

如果義傑是150天跑步橫越絲路一萬公里的傻子，那志龍就是一個放棄高薪收入挑戰自我的瘋子！

如果把《擁抱絲路》看成一部電影，這本書乍看是幕後花絮，但其實是將既深且廣的歷史文明和心靈對話，生動呈現在我們的眼前。
事前一掂就知道有99.99%的失敗機率，老天卻疼惜瘋子的行徑，陸續揭示不能勝數的奇蹟。
雖然一時很難定論這個活動對人類有的貢獻，吸引注目的廣度，和動輒百千萬規模的網路社群及APP相比，好像不算特別。
這裡因為多了行動、捐助、生命的付出，在歷史的一隅，參與者莫不留下靈魂的刻痕！

在今天火星文充斥、感官渲染氾濫的時代，你我正好可以慢慢閱讀志龍敦厚洗練的行筆風格，字裡行間的熱情便會光芒四射。

最有趣的是，透過這本書，你彷彿能穿越時空，親臨現場，與書中人物一起茫然、痛苦、驚豔、感恩、平靜與昇華。

從另外一個角度來看，這本書像是帶我們經歷一段旅程。比真實旅遊還要好的是，可以隨時倒帶，停留在感動我們情緒與想像的情節，甚至蘊釀我們更勇敢做些甚麼事的契機，讓這動人的故事，繼續在每位讀者的生命旅程裡上演。

馬孟明
技嘉科技總經理

搭起一座高梯

很早就在報章媒體上認識義傑，當時只覺得這個年輕人個頭雖小，志氣卻高，不斷挑戰人類及自己的體能極限。等到有機會與他深談，才發覺到他如我一般，也在求學時候受益於良師益友的提攜，確認了自己人生的願景目標。惺惺相惜之餘，除邀請他到公司演講，跟同仁分享他的超跑故事，也開始逐步參與義傑為環保而跑，為地球而跑的旅程，期望貢獻一份心力。

2006年義傑與兩位隊友，在環境極度嚴苛的撒哈拉沙漠徒步7500公里，連續跑了110天，跑到手腳起泡，身體幾近虛脫，還不幸碰到利比亞內戰，得繞路而行，因此又多跑了1600公里。幾個數字，義傑說得輕鬆，卻令我瞠目結舌。當影星麥特戴蒙將他們橫越撒哈拉的全紀錄《決戰撒哈拉》搬上大銀幕時，全球正遭逢金融海嘯的衝擊，我們公司當然不可能置身事外，同仁作業也格外辛苦，於是我帶著公司所有主管一同到了電影院。電影中，烈日下孤獨的跑者，每天犁著鋤頭一路往前，雖然黃沙綿亙前方看似沒有盡處，但腳步絕對不能停下來，深信只要堅持到底，一定會抵達夢想的彼端。這個沙漠長征的故事讓同仁在心中留下深刻的震撼與感動，在挫折中得到諸多啟發。義傑曾說過：「You never try, you never know.」鼓舞著大家，在金融海嘯隔年，信義房屋創下營收的新高紀錄。

2010年義傑與張志龍執行長提出「擁抱絲路」的壯舉，要以150天的時間橫越近10000公里的古代絲路。這條路過去或有許多騎著

馬匹及駱駝，載著絲綢、瓷器、地毯、香料等商貨的旅者，絡繹來回，卻絕不曾有人為了宣揚理念而僅以雙腳來走完全程。我在震撼之餘，當下即決定促成義傑這項前無古人的壯舉，而這個構想也獲得公司同仁的支持，尤其意外的是，信義的許多同仁表達想要陪跑的意願，由於名額有限，最後經過遴選，由台灣跟蘇州的兩位同仁脫穎而出代表信義房屋，參與絲路大使最後252公里的陪跑。西安古稱長安，是這段跑步的終點。數千年以來不知有多少商旅出走長安城門，經過河西走廊出關，漸漸隱入浩瀚荒漠。2011年9月16日那天，我等候在西安這個文化古都迎接他們，見證了歷史的一刻。

不管過去僅有星月指引年代的商客，或是現在的義傑及其團隊（地球探索保護協會），他們都值得我的喝采。當「擁抱絲路」的構想剛出現，其實僅是他們的夢想，如果他們不曾企圖讓它實現，終究只是空中樓閣而已。但是，他們卻能夠勇敢跨出，開始籌備，著手傳揚夢想，感染周遭的人，致能積少成眾，其間當然有著無比的艱辛，卻顯見更強大的毅力與堅持，最後終於成就此一壯舉。

似乎有人說過這樣的話：「如果你願意搭一座夠高的梯子，就可以摘下天上的星星。」他們如此，信義房屋的同仁如此，深信任何人當然也可以。

信義房屋 董事長

2011年4月12日晚上，
離絲路起跑剩下七、八天，
我已把十幾位絲路團隊隊員分別
從倫敦、貴陽、北京、香港和臺北，
一一送到了伊斯坦堡。
最後一個出發的自己，
撿拾著散落一地
近五、六十公斤的絲路團隊物品及個人行囊，
心裡頭也開始把過去這一年的
籌備規畫和奔波募集
打包了起來……

壹.
The Beginning
緣起

2008

年冬天，一個定期伴著佳肴美酒的企業家讀書會演講場合，義傑用著素樸近乎簡陋的簡報資料和設備，分享著他過去征戰各個極限馬拉松的心路歷程與成長故事。有些人激動落淚，更有人趨前致意，喟嘆自己沒能像他一樣勇敢，深覺下一代應多跟他學習，並爭相合照、索取簽名……那一幕牽引著我困惑而尷尬的思緒：

這樣的二手借鏡是不是太廉價？而我又能身體力行做些什麼有意義的事，讓下一代或可在這基礎上繼續往前走？

從小到大，我們身邊總不乏有信手揮灑奇想、拍肩搥胸撩義氣──是我們稱之為「兄弟」的朋友。一年後 這樣的朋友──劉明松，一個事業有成的夢想家──帶著義傑找來。義傑說，許多傑出的運動選手，掙得獎牌、領了獎金、幫家裡重新砌了房子，際遇好的，當個培養未來選手的教練；不好的，回到社會的邊緣打拚。而依他的個性，在擔任兩年教職後，還真不習慣當個老師，但出自內心的喜歡運動，喜歡跑步，還想繼續跑下去，跑出一個大家都不能想像的境界……像是……

「絲路」！

正為這個構想感到欣賞振奮，也一邊在消化心中狐疑之際，明松劃破沉默說：「要實現這個不正常、非理性的偉大夢想，非你來領導這個團隊不可！」

關於絲路的想法，斷斷續續討論了幾個月，要下這個決心，必須過得了自己這一關；在多國籍企業累積了十五年的行銷經驗之後，目前正負責一個公開發行公司的全球行銷業務和產品管理的工作，選擇離開，對企業主對同仁是一種離棄；對自己而言，更是縱身躍入鮮有人跡的異次元叢林，愈走遠，愈看不見來時路。這一切，包

括自己，勢必從零開始。

　　在決定從事一個規模這麼龐大，牽涉募款、組織國際團隊、外交折衝、探險規畫、後勤運作、媒體合作的架構之前，必須有清晰深化的理念與定位，擬訂一個能夠喚起人性共同價值的初衷，如此，才能轉化熱情為續航的能源，匯聚善意成為力量，自己也才能啟動這個夢想的巨輪，不只讓絲路長跑成為可能，更為未來的活動，立下穩定的基石。

以150天（2011.04.20～2011.09.16）、
前後足跡完全不中斷、
途經六個國家、
一萬公里的絲路長跑，
是史無前例的紀錄與挑戰。

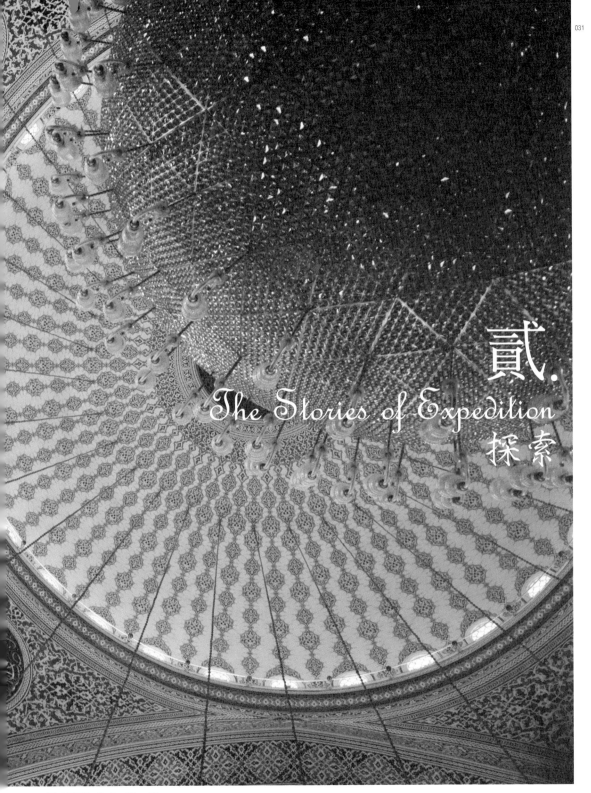

貳.

The Stories of Expedition

探索

擁抱絲路

　　────般跑完一個42.195公里馬拉松的人，在腿痠腳痛欲裂後，想休息十天半個月，是可以想像的。極限馬拉松跑者要完成這個任務，等於是每一天平均跑66公里，無論酷暑嚴寒、路況坡度和情緒體能，每天都要完成一個半的馬拉松，這當然是人類體能考驗的極限，更是意志力的嚴苛挑戰。

　　但如果這只是一項締造金氏世界紀錄式的賽事，就只要做個室內模擬環境空間加上跑步機即可，不必動用龐大的國際與社會資源來從事這項活動。我們的出發動機，當然不是一個單純的超級長跑，而是個為了特定使命而跑的探索（Expedition）之旅。

　　從人類文明的發展與際遇來看，其實就是一場探索。

　　它最初的形式，可能只是基於部落民族的冒險性格和生存的方式。到了有文字、法律和軍隊的國家階段時，基於政治和經濟利益動機的探索，於焉產生，探索就成了有組織的活動，它以利益國家發展之名，帶有政治和經濟擴張的目的。在帝國殖民主義逐漸褪去的同時，人類足跡也踏遍世界各個疆域，以科學和知識為目的的探索，成為過去兩百年來的主流，至今方興未艾。

▲ 玻里尼西亞三角洲

資料來源：" The Austronesian Basic Vocabulary Database" 2008, by Maulucioni, basado en un trabajo previo de Christophe cage.

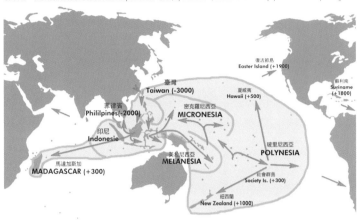

▲ 南島語系民族遷徙路線

大洋民族的冒險和遷徙

　　很多人去過夏威夷，除了草裙舞，相信也感受過當地原住民歌頌濃郁的大洋生活風格的表演——企圖呈現世上最偉大的大洋航海民族「玻里尼西亞人」（Polynesian）擁有的航海文化。

　　這個民族經常是逆著風起航，進行逐島定居和移民。他們在西元500年往北航行、抵達終年吹著東北信風的夏威夷；大約在同時，逆著恆常吹著東南信風的南太平洋，往東南登陸「世界上最與世隔絕的島嶼」——復活節島 ❶（Easter Island）；之後，於西元1000年前後再往西南踏上紐西蘭。今天我們所知的玻里尼西亞三角洲，就是以這三個島嶼為邊角所界定的範圍。這是個南北距離7600公里、東西最遠9000公里、一個面積達3400萬平方公里，約等於俄羅斯、中國和美國陸地面積總合的浩瀚水域。事實上，這個民族居住的範圍還超過在這廣布上千個島嶼的遼闊海洋之外；譬如索羅門（the Solomons）、萬那杜（Vanutu）和斐濟北部等。（見圖）

❶ 復活節島位於智利西邊外海3,510公里，最鄰近的有人島嶼是西邊的皮特肯恩群島（Pitcairn Islands），只有約60個居民。

❷ 根據2009年《考古科學期刊》（Journal of Archaeological Science）裡Fitzpatrick SM和Callaghan RT兩位科學家檢測雞骨頭的報告。

③ 白樂思為一著名的美國語音學家，特別專精於南島語系，對南島語言學方面貢獻相當大。根據白樂思博士的研究的原文寫著：「The internal diversity among the ⋯⋯ Formosan languages⋯⋯ is greater than that in all the rest of Austronesian put together, so there is a major genetic split within Austronesian between Formosan and the rest⋯⋯ indeed, the genetic diversity within Formosa is so great that it may well consist of several primary branches of the overall Austronesian family.」

早期的學者以為他們如星羅棋布的散居各地，因逐流漂移或意外的船隻擱淺所致。但依據後來出土的石器、陶製品、農產和家禽出現的年代順序以及語系的判定，證實這個民族的遷移，確實是憑藉著優異的航海技術，諸如藉由星象判斷方向與定位，掌握洋流的推移，觀察候鳥的飛行，以及口耳相傳、累積代代傳承的智慧與技術，甚至能逆風航行，除了凸顯精湛的航海技術和體力外，也可能登上未知探索的航程上。

根據一項 2007 年智利西南部 Arauco Penisula 的考古遺址 El Arenal-1，發現的五十塊雞骨頭 ❷，透過放射探性碳定年法（Radiocarbon Dating），判定這些是西元 1321 ～ 1407 年的遺骸，再透過 DNA（Deoxyribonucleic acid，脫氧核醣核酸）檢定，證實牠們是與東加群島（Tonga）和薩摩亞群島（Samoa）約同代遺留下的雞隻基因排列相同。也就是說，玻里尼西亞人已至少在哥倫布抵達美洲的一百多年前，就「發現」了新大陸！

至今我們對這個民族，在現代航海技術尚未問世的時空下，如何能藉天賦優異的駕馭船隻能力，航行廣闊的太平洋，知道的有限。根據主流考古學家和語言學家在過去四十年研究發現，這個隸屬南島語系（Austronesisan Languages）的民族，是源自更遠的臺灣原住民。使用南島語系的區域，北起臺灣，南至紐西蘭，西至馬達加斯加，東至智利復活節島。根據語言學家白樂斯（Robert Blust 1940-）的分類 ❸，南島語系之下，有十個次語群，九個在臺灣（如泰雅語群、排灣語群等），另一個是馬來玻里尼西亞語（Malayo-Polynesian Languages）。

南島（語系）民族，在西元前 3000 年，從臺灣出發到菲律賓，然後沿著印尼蘇拉威西島（Sulawesi）、經新幾內亞的俾斯麥群島

（Bismarck Archipelago）、所羅門群島、於西元前 1200 百年左右到了斐濟，東加和薩摩亞群島。

他們可能是因為久居一地發展，在人口過剩後，遂逐島探險和移民。他們憑藉著仰賴優勢的農漁獵技能和工器，除了在新幾內亞島掠過外緣外，幾乎都征服或同化了當地原住民，並留下紋飾風格接近的陶藝、農作（如芋頭、山藥、香蕉等）、家禽（如雞、豬）以及南島語系的語言。在這大洋區域滯留了一千多年後，它們突然加快了探索和殖民的速度，於西元三百年往東深入太平洋，抵達無人居住的馬克薩斯群島（Marquesas Islands）。在接下來的七、八百年間，完成今天所知的整個玻里尼西亞三角洲的征服。

以羅馬帝國為中心向外探索

身在亞洲的我們，往回看過去幾百年以來的歷史發展，也許會覺得探索是西方強國的專利，尤其是大航海時代開啟了全球航線，接著以工業革命的引擎，作為帝國主義擴張的武器，無往不利的獵取殖民地。

這樣的認知，雖然大致沒錯，但其實，歐洲海上的探索卻非始自經濟強國。

正當玻里尼西人從薩摩亞、東加群島快速的深入廣闊的太平洋，繼而「發現」夏威夷、大溪地、復活節島、紐西蘭的一千年間，歐洲正經歷大部分的中世紀時期——那是以西羅馬帝國的滅亡（西元 476 年）為起點，到東羅馬帝國的傾覆（西元 1493 年）為止。

一開始，以羅馬帝國為核心的西南歐，陸續受到當時仍相對野蠻的匈奴人、日耳曼人、薩克遜及維京人入侵，帝國崩解，城市遭到洗劫燒掠，化為廢墟和荒野。其間雖然曾有日耳曼帝國試圖恢復羅馬帝國的榮耀，保護教皇的權威，但沒有成功。於是在分裂的各邦族王國無法有效的統治下，各地據有城堡的領主貴族，漸以築起高

牆的莊園封建制度，形成自給自足的生活圈，成為抵抗不斷遭到異族和強盜入侵的一種生存方式。

　　在這樣環境裡，一種新的階級誕生了──騎士。他們接受嚴格的養成教育，包括武藝、騎術、禮節等，並嚴守衷心服從的紀律和行俠仗義的精神，在中世紀社會扮演起警察、戰士和法官的工作。

　　在十二世紀，他們也擔任十字軍東征的主力部隊。經過幾次夾雜著成功與失敗的征戰後，騎士們發現，原來穆斯林對待「異教徒」的方式，比基督教會對待非基督徒要寬容，富庶而具有異國風情的飲食、衣著、商品等文化，也深深的影響了他們。最後，當他們返鄉時，莊園的運作逐漸鬆弛瓦解，農奴解約成自由民，城市的興起

逐漸取代了城堡。於此同時，絲綢、香料、新的農作品，藉由解甲的騎士們，大量的經由絲綢之路，從東方傳到西方，造成商業貿易和手工藝的興起。

探索→交流→殖民的開始

十三世紀末，十七歲的少年馬可波羅（Marco Polo，西元1254 ─ 1324 年）與父親和叔叔展開以中國為目的地的亞洲之旅，在二十餘年的遊歷後，返抵歐洲。不久，因參加了一場威尼斯與熱那亞的戰爭被俘。在獄中，他口述這段旅程的所見所聞，由獄友（Rustichello de Pisa）寫成遊記。這是歐洲人第一次了解中國的宏觀面貌，從此，東西的交流，更是絡繹不絕。書中詳述中國的富裕、文明與繁榮，令西方大為驚豔，造成了轟動。

但十五世紀末，突厥人建立的鄂圖曼帝國，消滅了東羅馬帝國，定都君士坦丁堡，並更名為伊斯坦堡。橫串歐亞大陸的絲路不再那麼暢通。近一千年來，歐洲人面對終年吹著西風的大西洋，沒有太大的作為，不過現在，主客觀環境孕育了巨大改變的契機：他們得另闢蹊徑，找出新的商路。

最活躍積極的，不是較富裕的西歐，而是地處偏陲、相對貧窮落後、在庇里牛斯山背後的伊比利半島（Iberian Peninsula）民族。他們剛脫離摩爾人的統治，還在北非有了據點。經過數度對非洲的探索，初嘗甜頭。

航海探險的死傷風險極高，一般人是為之怯步的，所以許多參與的水手，要不是因犯便是走投無路的亡命之徒。但肩負國家資源和政治任務的領航人，必須是有政商背景的人物。因此，政策上，伊比利半島政府給予探索者豐厚的獨家航權等超額經濟報酬；而在這些中下階層的貴族裡，他們仍然緬懷在西歐已漸沒落的騎士精神，並視出海任務為揚名立萬、更上層樓的機會，其壯舉更是得以發揚

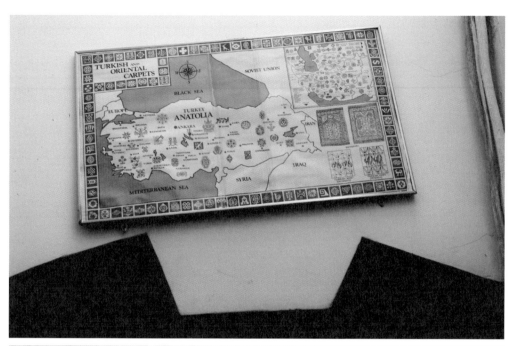

▼ 哥倫布四次新大陸發現之旅　資料來源：Viajes_de_colon.svg：Phirosiberia

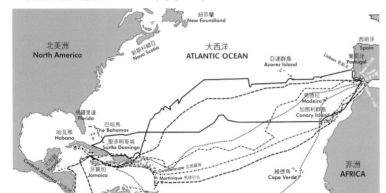

第一次航線 ———
第二次航線 ·········
第三次航線 ··········
第四次航線 ― ― ―

基督教精神，負有傳播福音的神聖任務。因此，前仆後繼的大航海時代就此展開。

　　首先，葡萄牙人相繼開發西非航線，在亞速群島（Azroes）和馬德拉群島（Maderia）建立殖民地，從事黃金象牙的買賣。然後，西班牙人在擁有了西北非的殖民地加納利群島（Canary Islands）後，發現了能夠帶他們離開歐非西邊、深入大西洋的東北信風。當時大多數人相信，除了印度洋這個穆斯林控制的內陸海，大西洋就是世界唯一的大海洋，海的另一邊就可以抵達中國和印度。

　　深受《馬可波羅遊記》影響的熱那亞人（Genoa）哥倫布（Christopher Columbus，西元 1451 ─ 1506 年），於 1492 年以廣州為目標，從西班牙帕洛斯港（Palos）啟航，沿非洲海岸，經加納利群島，帶他航向不知何時會抵岸的陸地。他相信會到先碰到日本，然後航抵中國。後來他確信船往南偏了，以至到達可能是今天的巴哈馬群島時，以為是到了東印度群島。他看到了當地土著，

▼ 托爾德西里亞斯條約分割線

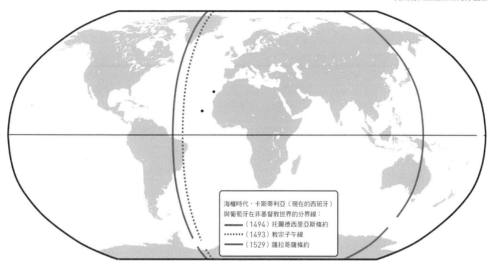

海權時代，卡斯蒂利亞（現在的西班牙）
與葡萄牙在非基督教世界的分界線：
—— （1494）托爾德西里亞斯條約
‥‥‥‥ （1493）教宗子午線
‥‥‥‥ （1529）薩拉哥薩條約

稱之為印度人。哥倫布一共進行了四次跨洋的壯旅，奠定了大西洋的往返航線，但他至死都堅稱，他抵達的彼岸是亞洲。

最早開始探索的葡萄牙人也不遑多讓。達伽瑪（Vasco da Gama，西元 1469 — 1524 年）在 1497 年從西非下行至南非，繞過好望角之後，透過當地人的幫助，乘著季風航越印度洋，抵達印度西南部的卡利卡特（Calicut），這裡是鄭和每次下印度洋都會停泊的港口。

葡萄牙人和西班牙人因地處偏境，形勢逼迫往外探索，加上以天真瘋狂的騎士精神形象自詡，進而意外發現新信風的樞紐地，和遠航的中繼補給站。

這一連串的環境因子和巧合，竟讓兩國得以在西元 1494 年簽訂托爾德西里亞斯條約（Treaty of Tordesillas），將非基督教的世界，以位於西經 46° 37' 的南北「經線」為界，劃分為兩國的勢力分界線：分界線以西歸西班牙，以東歸葡萄牙。這條分割線，係經教宗亞歷山大六世（Alexander VI）的協調而得，也被稱為教宗子午線。

▼ 達爾文搭乘小獵犬號航程圖

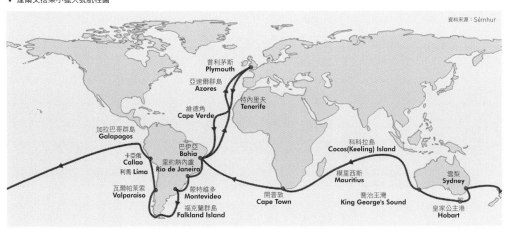

資料來源：Sémhur

普利茅斯
Plymouth

亞速爾群島
Azores

特內里夫
Tenerife

維德角
Cape Verde

加拉巴哥群島
Galapagos

巴伊亞
Bahia

科科拉島
Cocos(Keeling) Island

卡亞俄
Callao
利馬 **Lima**

里約熱內盧
Rio de Janeiro

模里西斯
Mauritius

雪梨
Sydney

瓦爾帕萊索
Valparaiso

蒙特維多
Montevideo

開普敦
Cape Town

喬治王灣
King George's Sound

福克蘭群島
Falkland Island

皇家公主港
Hobart

擁抱絲路

達爾文的冒險與科學探索

在大航海時代之後，探索的重心已漸漸從殖民地的開發占領和商業航線轉為科學研究，像是考古、生態、地質等。也有是純粹對知識的興趣與追求，如蒐集生物標本、或沿襲先民的工具和條件，證實並體驗書中記載其壯旅的真實性。在我心目中，最具代表性的典型，非達爾文（Charles Darwin，西元 1809 — 1882 年）莫屬。

達爾文出生於醫生世家，在父親的期望下，起初在愛丁堡大學唸的是醫學，但他對相關醫學科目和開刀手術，興趣缺缺，學業成績也不理想。但課餘時，他倒是熱中協助學校博物館做蒐集與分類的工作。後來父親只好幫他轉學劍橋，改讀人文課程，希望將來成為牧師。這期間，他和堂哥比賽蒐集甲蟲，因而輾轉認識了精通植物學和地質學的教授韓斯婁（John Stevens Henslow，西元 1796 — 1861 年），而從此成為親密的師徒。

1831 年，英國皇家海軍的小獵犬號（HMS Beagle）要進行第二趟的南美海岸線水文測量，作為航線規畫。原來的第一任船長因無法承受這任務的漫長壓力與沉悶沮喪，陷入精神錯亂而舉槍自殺。接任續航的年輕船長，費茲羅伊（Robert FitzRoy，西元 1805 — 1865 年）的舅舅，曾擔任英國內政大臣，也因工作壓力而割喉自盡。鑒於這兩個駭人的經驗，費茲羅伊希望能有一位喜愛地質科學的同伴，最好是個博物學家，自費同行。這樣一來，在沒有官階的氛圍分界下，他們能輕鬆相處、排憂解悶，更能彼此激盪、充分發揮這趟航程的價值。先是韓斯婁受到邀請，但在他太太的反對下，遂把這個機會介紹給時當時年僅二十二歲，剛畢業的達爾文。對，就是這麼一連串的岔路相連到這個關鍵之旅。

這個在未來改變整個生物學演變論述基礎的旅程，其實當初最主

要的任務是延續小獵犬號第一次的南美沿岸測量。在行前見面時，費茲羅伊還以過來人身分提醒達爾文，要他好好準備這趟豐盛的自然之旅，因為此行他將見證聖經敘述的內容，尤其是創世紀的部分。當時的達爾文，對於聖經說到上帝在六天創造世界的說法深信不疑，因而更加期待這個見證之旅。

小獵犬號的航行，1831 年 12 月從英國普利茅斯（Plymouth）出發。自登上船後，父親視之為不務正業的興趣，充分派上用場。在這艘長為 27.5 公尺的雙桅橫帆船進行水文探測時，達爾文就上岸蒐集所見的動植物、殘骸、化石、地質沙土等等；上船後，就做成標本、分類、記錄並撰寫日誌。在這冗長的航行裡，他不斷的暈船嘔吐，也大量收集從浮游生物到海龜的各種海洋物種。然後將所有的標本與筆記，一一打包寄回給他劍橋大學的老師韓斯婁。

畢竟他對博物學接觸的時間不長，各種標本的製作也不盡熟稔，不時出現標本損壞和分類的混淆。但瑕不掩瑜，這些在持續不懈的蒐集和修正下，他的老師也分請其他博物學家協助整理達爾文寄回的樣本，其數量之多，竟在返航之後，可供他持續不輟的研究並發表論文長達十五年以上。實際上，在這趟豐盛、疲憊而漫長的探索旅程之後，達爾文這一輩子再也沒有出國過。

這五年的航程，他發現到許多令人困惑的現象。像是船長在第一次的南美任務中，出於自衛，從火地群島（Tierre de Fuego，南美最南端，分屬智利和阿根庭管轄）押了三個原住民，送回英國受三年教育，成為彬彬有禮的年輕人。但在此次航行送他們回鄉一年後，竟發現他們回復到原始與動物接近樣貌的生活型態，而且更為羸瘦和沒自信。

達爾文認為，不同種族的人沒有根本上的不同，但文化的影響卻

／貳／ 探索 The Stories of Expedition

會創造差異。在加拉巴哥群島（Galapagos Island，現屬厄瓜多）上，這個傳言中會看到生命創始的地方，他卻觀察到一個看似同種的雀鳥（Mockingbird），在鄰近不同的島，長出形狀乃至功能各異的喙，他懷疑是牠們因應不同環境而產生改變。此外，他在南美發現某些絕種的生物與當地存活的物種有關聯，而在南非開普敦，他觀察到一些滅絕的生物由其他物種巧妙的取代。

這些只是他所有發現的滄海一粟。他不能完全理解和確定這些現象的背景和原因，還需要更多的資料，來做推論與驗證。回國以後，他勤奮不輟，反覆研究過去蒐集的樣本，同時也不恥向各領域專家求教徵詢，更與身邊所有的人討論、學習和辯證。他請益的對象幾乎涵蓋所有認識的人：包括家人、農夫、動物園管理員等。之後，他陸續推出石破天驚的論述。以下兩段話，似可連結到他之前的發現：

「人類有高尚的情操、感受萬物的同理心、慈悲的胸懷、以及理解天體運行的全知智慧。儘管具備了這些高貴的特質，人類的軀殼仍擦不掉他源自低等生物的印記……我真不願意去想這麼令人厭惡的事，但無庸置疑的，我們都是野蠻人的後代。」❹ 這段話與火地群島事件後的啟發有關。後來他在動物園觀察到猩猩的一些行為與一般孩童接近，而之後的解剖也發現，牠們的腦部特徵與確實人類相似。

「當這個星球依萬有引力而運作不息，無窮無盡的萬物則起源於簡單的形體，演化成最美麗神奇的型態……許多的物種都會繁育超過足以生存的數量，於是追求生存的奮戰就會重覆不斷的發生。在複雜的

④ 出自《人類起源》（The Descent of Man, and Selection in Relation to Sex, 1872）。原文是「that man with all his noble qualities, with sympathy which feels for the most debased, with benevolence which extends not only to other men but to the humblest living creature, with his god-like intellect which has penetrated into the movement and constitution of the solar system — with all these exalted powers — Man still bears in his bodily frame the indelible stamp of his lowly origin.」

⑤ 出自《物種原始》。原文是「There is grandeur in this view of life, with its several powers, having been originally breathed into a few forms or into one; and that, whilst this planet has gone cycling on according to the fixed law of gravity, from so simple a beginning endless forms most beautiful and most wonderful have been, and are being, evolved…… As many more individuals of each species are born than can possibly survive; and as , consequently, there is a frequently recurring struggle for existence, it follows that any being, if it vary however slightly in any manner profitable to itself, under the complex and sometimes varying conditions of life, will have a better chance of surviving, and thus be naturally selected. From the strong principle of inheritance, any selected variety will tend to propagate its new and modified form. ~ On the Origin of Species By Means of Natural Selection.」

生存條件與變因下，物種會做出有利存活的微妙改變，也就是天擇
（Natural Selection）。經過選擇的性狀，會傳遞它新而修正的形態到下
一代。」 這是呼應他觀察到的雀鳥喙嘴、絕種生物與取代物種的交
替現象。❺

　　這些論述，強烈的衝擊了當時人們普遍得自聖經信仰的觀點，包
括「人是依上帝的形象創造的」、「上帝賦與各種物種不同的角色」
等等，因而相信物種的型態是上帝決定好的，都有其目的和意義。
達爾文的理論一出，不但顛覆傳統價值，甚至產生信仰危機；而活
躍的民主派人士，則藉此引為對抗貴族世襲制度的觀點。1882 年
達爾文去世，原應遺囑安葬在他的家鄉，但在輿論呼籲下，最終厚
葬於西敏寺、牛頓的陵墓之旁。儘管如此，在他死後近七十年，生
物學家們才對物競天擇是生物演化最主要論述，達成一致的共識。

絲路，踏上探索的謙卑之旅

　　為了科學和知識的探索仍在積極的進行，範圍從地表到地心、從海洋深處到外太空。在這個過程當中，卻發現工業革命帶來環境的破壞，無止境的經濟發展造成地球的反撲；諸如氣候暖化、乾淨水資源的匱乏、有毒物質的充斥等。也許，我們開始反思，但這樣的聲音始終微弱。

　　另一方面，經濟與資訊的全球化，卻沒有讓我們對不同國家、民族、宗教、和生活方式，有更多的理解與尊重。我們依然日復一日的，在分工極細或定義清楚的領域裡，繼續過著我們習慣的生活。

　　曾有人說，當嬰兒離開母體的那一刻，就是踏上一條離母親和家愈來愈遠的路。

　　一開始，嬰兒還不能獨立存活，完全依賴母親的哺育和無微不至的呵護；七個月後，開始挺著頸和背、坐在地上；八個月，有了基本的身體協調和力氣，可以爬行；滿歲不久，小腿更壯，站立走了起來，吵著走了出去；上幼稚園的哭痕記憶猶在，就進入小學，結交自己的朋友；青春期，承載尷尬的軀體，推進充滿壓力的中學，

不一定有叛逆的個性,但一定有著日益獨立的個體和逐漸拉開的心理距離;上了大專院校,脫離家庭,看到更大的世界,原來是如此神清氣爽的感覺,也就更率性的不回頭。

　　踏進社會,登入了一個與家區隔的時空,在那裡,新立一個家;老家呢?已經在一個無法衡量距離的遠方,是一個模糊記憶空間;雖偶爾造訪,熟悉感並沒有回來。因為物換星移,父母已老,行禮如儀的問候,取代了真心關懷。這親情與心靈的距離,就在不知不覺中,愈來愈遠了。

　　這或可巧妙的映照我們跟土地的關係。一開始是很懵懂的採食;很久以後,人們懂得畜牧、漁獵和農耕。那時地球很大,人類還少,我們所有的一切,都和土地有關,我們的不足和煩惱,都可以從奧

妙的大自然中學習，因為生命就是大自然的一部分。

假定從採集時代到現今的二十萬年（約舊石器時代）當成是一年，那麼，工業革命的問世至今，也只不過是花了人類歷史的半天光陰。在這短短時間裡，我們極有能耐地快速消耗有限的資源。

但是，我們是否認真面對沒有石油的生活，並做好準備？我們是否嚴肅的面對溫室效應導致的地球暖化以及相關的海水上升和農作錯亂生長問題？

一方面，我們或許一廂情願、掩耳盜鈴的相信，總有一群人，一些負責任的國家，會著手解決這些令人困窘的問題；另一方面，我們更清楚的明白，這些努力，與當代主流巨輪的運作和漠視相比，顯得如此蒼白單薄。此外，更因專業分工的切割，人、生命和土地

唇齒相依的一統性與歸屬感，益形破碎與脆弱。

　　我們從眾地、規律地投入緊湊快速的步調，但解決不了我們心靈的扭曲和空乏；富裕的物質生活，沒有降低不同文明之間的誤解與仇恨，也不能回答人類永續和平生存的挑戰；對後代子孫，我們鋪了什麼樣的道路讓他們前進？立下了什麼典範讓他們參考學習？

　　我是這樣謙卑的想著，藉由探索人類文明史上，具有重大意義的道路，無論是山徑、水路、沙漠、凍土或是草原，透過登高、航行、單車或純粹的雙腳，號召大家一起去體驗這些極限旅程，在脫離日復一日的常軌裡，讓自己與身體對話，回復與大地的相處和反思，看看是否可以把我們此生至今所學的知識、思維、能力與資源，反饋到地球與人相關的深刻議題。即便不能親身實的走過，也可以透過媒體、網路、書籍來互動參與。

　　我們希望可以因此匯聚更大的力量，讓人對地球──我們的母親，我們的家所面臨的凋零與偏見，能有更深刻而全面的了解。對這個身處的環境，付出更多的承諾與關懷，讓「家」能夠永續存在，這是我們探索的初衷。

　　玻里尼西亞民族的祖先從臺灣出發，花了三千年，成就了最偉大的航海民族；哥倫布，秉著騎士精神的想像、宣揚基督教的熱情、為了獲取商路和殖民地的利益出航亞洲，結果「發現」了新大陸，促成大航海時代的開端和歐洲的崛起。達爾文的南美之旅，根本就是一連串無心插柳的事件。但他們都有一個共同的特徵：藉由永不放棄的探索和冒險，終就會開創新的視野，或許會引導新的方向。而這個讓長跑團隊幾乎跑到地老天荒的絲綢之路，讓所有團員竭盡心力完成的旅程，如同歷史上的冒險：探索者無法預知這旅程會面臨的挑戰，也無從預測你所獲得的東西是否一如初衷。回顧整個旅程，確是如此，這也是本書所欲揭開的面紗。

／貳／探索 The Stories of Expedition

從宣布絲路計畫的那一刻起，
一個偌大的沙漏器，不時出現，
逼著你直視無情的時光、流逝如沙，
過了一天，就少了一天籌募的時間；
已佈的線沒有回訊，
新的機會尚未到來，
無從迴避的看著無聲傾洩的沙，
仿如重低音鼓的心跳聲。
出發日愈來愈近⋯
募得的資源卻從來不夠⋯⋯

參.
Get Started
籌備

籌備作業仍得紮紮實實的向前推進，若臉露遲疑，這理念撐起的鼓，恐瞬間消洩，不但步伐零亂，加油的人潮也會失望褪去。有些時候「努力必有收穫」的因果邏輯是不存在的，特別是那段等待政府批文的日子，我們進退兩難，幾乎讓活動胎死腹中……籌備的過程，是向著光闡述理念，背著光反思受挫再出發。過程中，有著許許多多的夥伴、朋友、同仁、家人頂者你；有的捲袖夥同你一起開路，有的甚至另闢蹊徑自個兒鋪了起來。最後，這條眾志成城打造的精神絲路，將我們送到了伊斯坦堡！

募款也是一種探索

一趟海外探索，所需的經費超過一般人的想像。

首先，在行前一年的籌備期內，需進行路線探勘、各國政府與後勤夥伴的溝通協調、接續不斷的募款行程、各地記者會等。接下來是徵募團員以及相關團隊的費用；包括跑者群、醫生、物療師、領隊、營地規畫勘查、後勤補給、隨隊攝影、五位媒體、七部車、駕駛、廚師和當地嚮導等；除了 150 天的伙食、醫藥、炊具、營帳、水電、通訊外，還包括簽證和往返機票等。

其實這不就是探索的本質？沒有最佳實務案例可供參考，難以提出具體的量化價值和效應時，募款是個很有挑戰性的任務。過程中難免會遇到尖銳的問題，如：林義傑還能跑嗎？沒辦過這類型的活動，第一次就搞這麼大？有些國家局勢動盪、或簽證不發，是否就跑不下去了？……

這些經歷倒也不是新鮮事。哥倫布的大西洋航程成行之前，約花了七年向各王國皇族和企業，陳述新航線計畫和經濟價值來籌措資金。從葡萄牙開始，接著到熱那亞、威尼斯、英格蘭、最後回到伊比利半島的西班牙。所到之處，人皆曰瘋狂、陳義過高、不切實際。

／參／ 籌備 Get Started

一開始，就決定摒除小額捐款

　　雖然以幾位共同發起人的知名度和活動傳達的精神，透過媒體的
宣傳，應可以對大眾產生涓滴成流的募款成果，但我們是這樣想：
採用這個方式，除了很難對廣布各地的捐助者，一一關照到他們的
期望或回報；另外，可以想見的是，大家難免會對捐輸對象，投射
某種道德標準的期望，甚至會不經意的延伸到私生活的領域，這對
於團隊，尤其是義傑，在回復到正常生活後，恐怕會產生揮之不去
的壓力。因此，我們募款的對象，便聚焦企業機構和政府單位。

　　沒有現成的平臺、沒有流通的商品為載體，唯一、也是最有效的
方式，就是主動出擊作面對面的溝通；我們給自己訂了目標：任何
時候，口袋至少要有三個潛在贊助名單，可以寄送方案或安排拜訪。
要做到這點，我們必須先有一群樂意傳遞火把的朋友：他們對這件

事情有深刻的感動、熱情與不遑多讓的使命感。同時,對於所有關心的朋友和拜訪過的對象,我們也盡量定期提供最新的報告,讓這群人保有參與感。他們會適時的穿針引線,在募款的各個階段,不論於精神的鼓勵或實質的幫助上,帶給我們往前推動的力量。

我一共進行了約兩百場簡報,這還不包括夥伴和朋友各自安排的數十場晤談。簡報的對象從一個人到五十多人不等;地點從臺北、臺中、香港、深圳、上海、北京、西安到烏魯木齊;這段期間,我用掉了一整本臺胞證,註記了 27 趟的出入境紀錄。從 2010 年 3 月開始,到次年的 4 月出發時,只募集了約七成多的經費。我只得壓縮所有預算,一邊上路、一邊募款。直到活動結束前的一個月,絲路團隊到了甘肅,我們才終於募得了贊助西安城牆路跑、授證儀式、晚會及記者會的費用。

有些人認為我不適合募款，也曾反應給明松和郭大為等共同發起人。我的個性怯生，缺乏「搏濕」❶ 的豪爽身段，難免在一些富有創業性格的老闆之間，顯得不夠融入而生硬干格。這個性來不及改，也不容許負面思考蔓生在我們已嫌緊迫的空間與時間！幸好團隊給我毫不保留的支持，而明松和我的特助，個性上與我互補，在檯面下或後續溝通上，能扮演搭橋修路的角色，讓我能秉持著一貫的風格，無視一場場的期望落空與挫折，不斷重新整理好情緒，繼續駕駛募款的列車。

① 臺語唸為「ㄅㄨㄚˋ ㄋㄨㄚˋ（bua、nooah），是指能放下身段，融入對方的喜好情境與肢體語言，產生一見如故的親切感。

在我手中的一千多張名片裡，有三十位成了「擁抱絲路」的贊助者。他們大多有著浪漫理想的特質和謙沖為懷的態度，其中有：旅行社、報關行的老闆、外商企業總經理、臺商、大陸觀光業、聲譽卓著的企業主、前政黨主席和總統等；他們不但本身贊助，大多還呼朋引伴的擴大支持，堪稱是護衛我們的絲路天使。

探勘，發現任務有多艱難

對大多數的人來說，古絲綢之路所串連的中西亞世界，既神祕、也遙遠。

手邊蒐集到的資料，多是定點觀光行程和飄渺的歷史典故，至今是否存在著一條通行現代國家疆界、足跡相連的絲路，很難不出門而一探究竟；即便是專攻這個區域的旅行社，也因沒有全程陸路通關的前例，難以掌握完整的簽證和旅行資訊。因此，我們必須藉由行前探勘，梳理各國邊境通關的規定與處理方式，並了解沿途路況和補給的可能方案。

探勘的另一個重要任務，是紀錄絲路現場的風土民情和自然景觀。這不只是為了便於與外界溝通，更是為自己和團隊在忐忑不安的摸索、籌辦各項工作時，提供一個「極限探索、地球關懷」的氛圍，

呈現理想可以實現的絲路情境，讓大家能更踏實、更有信心的往目的地邁進。

　　探勘小組是由曾在 2007 年橫跨撒哈拉沙漠（更正確的說是橫越非洲）任後勤領隊的唐納文（Donavon Webster）擔綱，他是國際上赫赫有名的探險作家，同時為多家國際知名的媒體撰稿。

　　隨行的夥伴有年輕聰慧的攝影師陳若軒，以及她全力推薦的墨裔美籍攝影師東尼（Juan Antonio Puyol）。若軒畢業於芝加哥藝術學院，早在活動構想之初，就興奮的加入，頻頻詢問出發時間。工作時，只見她無所畏懼的、爬上躍下，無境不入，極力捕捉各個鏡頭。東尼是美國國家地理頻道的攝影指導 他最新的作品「邊界戰爭」（Border War），播出時是該頻道收視率最高的節目。

出發前一波三折

　　2010 年 5 月 17 日，若軒和東尼預計搭乘下午四點的飛機，從桃園前往伊斯坦堡；而唐納文則在兩天前就從維吉尼亞州出發了。早在一個多月前，他們就把護照寄給唐納文，委託他就近在世界各國都駐有使館的華盛頓，處理簽證事宜。

　　然而，幾經延宕，預定出發當天早上，才會收到旅行社寄回來的護照。「好事多磨」，我心裡想。

　　等不及送到住處，他們一早飛車去快遞公司位於五股的發貨中心取件。拆封後，發現除了東尼多了一個吉爾吉斯簽證外，兩人的簽證頁原封不動！

若軒在電話裡焦急的說：「去不成了，光是土耳其簽證就要一星期，更別談後面的行程！」

　　這非同小可，一個月後，唐納文和東尼都有其他工作，探勘是來不及延期了！只有先解決土耳其簽證再說。我馬上請星球國際的林

婉美幫忙。我與她素昧平生，透過同學的朋友介紹，僅見過一面。
一個小時後，她回電給我，說快簽是兩天，但她已聯繫好相當於大
使職務的土耳其駐臺代表，要我們去試試看。

若軒到了土耳其駐臺辦公室的簽證處，外面有排隊的申請者。當
時的代表艾若坦（Muzaffer Eroktem）先是不悅的說：「照規定
來，去排隊！」

　　不久，又叫她進去裡面的等候區，那是一個介於簽證窗口和代表辦公室的轉角空間。他接著喝斥：「你怎麼那麼笨，聽別人能幫你辦，你就信了……為什麼你辦公室打電話來，我就要幫你？你難道不曉得申辦簽證的程序……」

　　聲音之大，裡外都聽得到。說罷，旋即走進他的辦公室，砰的關上門。簽證辦公室的其他同仁一邊掩口而笑，一邊安慰若軒。

　　她不太確定是什麼狀況，護照已被取走，只有等下去……

　　約莫一小時後，她拿到了簽證！下到一樓大廳，這麼巧？再度碰到代表。

　　他溫和的笑著說：「剛剛是演戲，你別介意！」

無妄之災

過了八天，探勘小組該準備從土耳其過境到伊朗，但是簽證下不來，一行人在離土伊邊境三百公里處的埃爾祖魯姆（Erzurum），也就是伊朗駐土耳其領事館的所在城市，無奈的等待。唐納文每天去領事館接洽未果，沮喪的準備放棄。

後來東尼聯繫了伊朗當地旅行社的蒂娜（Dina Cheraghvand），請她幫忙，才終於在六月三日，穿越邊境抵達伊朗。

一個星期後，風波又起。

2009 年 6 月 12 日伊朗總統大選，因懷疑投票統計不公，不利於改革派總統候選人穆薩維（Mir-Hossein Mousavi），而引起全國風起雲湧的遊行抗議事件 ❷；在屆滿周年之際，又見示威活動捲土重來。

嚮導提醒他們在這個敏感時期別在遊行區域照相，否則會被視為非法媒體行為。 東尼順手用若軒的帽子遮住相機，未料仍被警察看見，隨即被逮捕。

嚮導見狀大喊：「快跑！」

唐納文拔腿狂奔，他那明顯的膚色一看就知是外國人。他碰見一位善心的警察，攔了一部計程車，將他推了進去，送回飯店。若軒和嚮導則沒那麼幸運，在追逐不久後，都進了拘留所。東尼因外型像伊朗人，被質疑是間諜，遭到數度詰問和推撞。

幾個小時後，全員獲釋，但此後境內停留的旅館，全都看得到警察的蹤影。

簽證的夢魘又再度降臨。

探勘小組等不到接下來中亞國家的簽證，於是只得略過土庫曼和烏茲別克，在六月十四日趕赴吉爾吉斯。但這裡兩個多月前發生反貪腐示威活動，後來演變成境內吉爾吉斯族對烏茲別克族的加害暴

❷ 因穆薩維的競選顏色是綠色，群眾示威所持的旗幟、頭巾、標語和絲帶多以綠色為主，形成一片綠海，所以這一連串的活動又稱「綠色革命」。

擁抱絲路

動，造成三十多萬人無家可歸，十多萬烏茲別克族經過奧什（Osh）邊境，湧入烏茲別克。

奧什是絲路長跑中預定經過的邊境城市。四天後，他們搭機進入喀什，用十天走完四千多公里的中國路程。

雖然只是探勘，即使在沒有任何贊助之前就花費超支，還是得堅持有始有終，否則怎麼證明自己能完成將來 150 天的行程？於是，立刻同時間在臺灣著手申請中亞簽證事宜。

一個半月後，東尼和若軒進行第二次探勘，雖然旅途中也發生了簽證銜接的問題，但沒造成太大影響，他們一共用了三個星期，填滿上回空白的旅程。

「擁抱絲路」的大挑戰

探勘小組除了提供珍貴的影像和沿途的風土概況外，這兩次探勘帶給我很大的震撼。

首先是簽證，怎麼說呢？

與「決戰撒哈拉」❸ 不同的是：「擁抱絲路」必須自籌龐大的經費，因而設計了多重贊助機制。包括企業品牌的贊助；個人透過「絲路大使」的報名，加入最後七天長跑；邀請所有贊助者齊聚西安，見證歷史性時刻和參加授證儀式。

後兩項活動關鍵，皆指向事先約定的抵達日期。

也就是說，不論跑者體能狀況如何、實際路程有多長、地形起伏有多大、天候氣溫如何變化、邊境通關是否順利，跑者都必須在第 143 天，抵達甘肅，與絲路大使會合齊跑；在第 150 天，抵達西安，與所有贊助單位和貴賓，共慶完成儀式。只要延遲一天，這些活動極可能在贊助者行程不能配合的情形下，無法舉行。

因此，簽證的規畫與申請，是我們最關鍵的核心任務之一。尤其，將來團隊成員的國籍與人數更多，簽證申請與協調作業的複雜度，

③ 曾由好萊塢拍成紀錄片的《決戰撒哈拉》（Running the Sahara），揭露Ray Zahab、Charlie Engle 和義傑、完成人類史上，以跑步方式完成橫越非洲的壯舉，這個活動的經費，幾乎由國際明星麥特戴蒙（Matt Damon）一手包辦。成功的定義，就是完成這個挑戰。儘管他們原訂90天完成7500公里，最後因利比亞簽證及其他安全因素，共花了111天，但完全無損他們舉世傲人的成就。

只會愈高，所以需要事前嚴謹的規畫和多線並行的作業，以提高成功的機率。

其次，我們必須改變路線，尋找吉爾吉斯的替代方案。

古絲綢之路，原就隨著帝國城市興衰，而發展出數條路線。在幾經研究和徵詢之後，更改為最後定案的路線：由哈薩克取代吉爾吉斯；而中國大陸的入境城市，則從喀什變成北疆的霍爾果斯。

還有，幾乎所有絲路沿線國家都有媒體管制的法令，媒體報導可能會不經意觸及當地政府最敏感的神經。我很清楚，若稍有差池，不但人身安全堪虞，更可能會延宕或中斷絲路行程。因此，我們必須為全體隨行媒體與攝影同仁，申請高難度的媒體簽證❹，並遵守當地法令以保障整個團隊的順利通行。

❹ 媒體簽證（Media Permit）是部分國家為國外新聞媒體入境，訂定的個別申請程序。申請者必須詳實申報器材清單、採訪目的、採訪行程和區域等。有些國家明訂有權審核拍攝內容。

我們要出發了！

如果說簽證是進入各國大門的通行證，那麼入境從事組織化的公開活動，在許多國家，還需要向政府申請「活動許可」，以俾管理和提供協助。

按常理，「擁抱絲路」的活動，立意正面而單純，申請，應只是常規的報備程序。至少，我當時是這樣認為。

但在幾次中國大陸的拜訪裡，對方都會提及：我們是否有政府批文？如果沒有，這個活動的舉辦便缺乏正當性。別說潛在的贊助商有疑慮，連協助的夥伴恐怕都感到不踏實而裹足不前。

我立刻透過一些管道，詢問可能對應的政府單位，來立案申請。

但幾經聯繫，各方說法莫衷一是，也遍尋不著承接的窗口。

2010 年 6 月中，明松的朋友楊仲瑜小姐，邀我和義傑去距離北京三十公里的郊區順義，參加她公公的佛像畫展閉幕活動，說也許可以見到幫助我的人。

在那個諾大的莊園，數百人交織的場合裡，我們見到一位中南海的女性官員。她從我手中拿起手冊，讚美起繁體字的優美意象。在聽我介紹了活動後，竟幾乎無視周遭的熙攘人群，與我們聊了六個小時，直到大雨方歇的深夜。

之後，她在徵詢相關單位的過程中發現，「海峽兩岸」共同舉辦或參與長時間的國際探索活動，前所未有；加上有電視媒體隨訪，更挑起敏感的政治神經；她便將我們活動的主題稍做修改為——「奔向絲綢之路　擁抱和諧社會」，以貼切符合在地的脈動與思維，降低「外地人」辦活動的疑慮，縮短彼此陌生的距離。

同年 10 月，她終於邀約到願意承辦的單位——中國登山協會，作為我們在大陸境內的合作夥伴，擔起申請批文的責任。

整個過程相當冗長而煎熬：牽涉到主管機關，包括體育、兩岸事務和外交部門等。這長達近半年的作業等待，不但讓我們大陸募款難以展開，連大陸跑者的招募都無從進行。

所幸，在登山協會及她鍥而不捨的追蹤下，以及顧問張瑞麟先生的整合與推波助瀾，隔年 1 月 11 日，人稱「紅頭文件」的批文終於核覆！儘管不久後就是農曆新年，我們馬不停蹄的在幾星期之內，接連在北京和臺北舉辦了盛大的記者會，告訴大家：「我們要出發了！」

因為他們的慷慨贊助，我們才能完成絲路

哈雷機車的佟德望和福斯汽車的黃齊力先生，一開始就決定贊助，奠定這個活動的基礎。他們兩人更身體力行，加入絲路大使，參與最後七天長跑。

賀陳旦先生（臺灣生態工法發展基金會董事長、前交通部長），熱心的帶我們去見周永明先生（宏達電執行長）。在原定二十分鐘的會談，欲罷不能的聊了一個半小時，他以個人名義贊助。

賀陳董事長又接著聯繫周俊吉董事長，溫文儒雅的他僅在一次的會面之後，便決定以信義房屋之名，成為「擁抱絲路」的主要贊助企業。周董事長更熱心的安排我們出席-由兩岸企業家組成的阿拉善基金會在臺北舉辦的年會，巧遇我的大學學長陳致遠先生，他個人也慷慨贊助；同時也介紹合隆毛廠的董事長陳焜耀父子，以絲路大使名義贊助。周董事長也親赴西安慰問團隊，參加晚會。

我的同學馬孟明，是技嘉的共同創辦人，個性低調樸實，有顆熱忱的赤子之心，除了個人捐助、提供電腦設備、也一直參與諮詢和向外尋求贊助。

我們的顧問張瑞麟，是賽博數碼廣場的董事長，時時提點我大陸官方和企業的生態和潛規則，協助我們將「擁抱絲路」的理念和活動落地於中國大陸。此外，賽博也贊助我們在大陸所有的記者會。

林婉美是創意星球旅行社的老闆，他邀同事業夥伴、中華世界遺產協會理事長楊方，協助我們處理簽證和中亞的地勤接洽事宜。

由於劉畊宏先生的牽線，周杰倫欣然兩度赴大陸參加我們的北京記者會和西安終點儀式，並為我們製作了一曲旋律。劉畊宏先生還邀集藝人朋友一起響應臺灣起跑活動。幕後，楊峻榮和陳中先生亦協助安排相關出席事宜。

....
馬英九總統在三月初親切的在總統府接見，以「治國週記」的形式訪問
義傑，介紹我們的活動，會後也親自贊助。

....
立法委員蔡錦隆先生，在得知總統的關心和我們的處境後，協助上書總統，促成
政府部門和國營事業的贊助。

....
透過前臺中縣副縣長張壯熙的引薦，我們拜訪了連戰主席。他給我們許多實質的
協助：以臺灣大家長的身分，慎重的帶了一個二十餘人的代表團參加西安授證儀
式晚宴；交代青年發展基金會捐助；請執行長黃德福、副執行長李德維和董事連
勝文率領十位臺灣青年一起到西安城牆陪義傑跑向終點。

....
前中國信託總經理麥克迪諾馬（Mike Denoma）本人是極限馬拉松愛好者，他
除了個人捐輸之外，也促成中國信託的贊助。為了親深表達支持，他加入義傑和
茱蒂的臺灣長跑活動，完程從高雄到臺北的七天路跑。

....
賴年興先生除個人贊助外，曾多次熱心安排與潛在贊助商會談。

....
劉祖坤先生是義傑和我在上海的一個鐵板燒餐廳偶遇的臺商朋友，對這個活動有
異鄉異客的特殊疼惜，當場應允贊助。

....
由於邱正生先生的介紹，我們獲得西安曲江文旅管理階層：賈濤、庄瑩和李東的
支持，贊助西安城牆活動、授證儀式和晚宴。
此外，謝謝廖宜彥先生、洪簡靜惠女士、昌益建設、林怡君女士的主動熱心捐
助。

....
最後，有十餘位絲路大使，參加最後七天兩百公里的馬拉松行程，和跑著一起跑
步、邁向終點。他們是：黃齊力、佟德望、趙黛瑜、佟澤陽、佟澤侊、黃茂書、
胡瀟、陳焜耀、陳彥誠、徐佩勝、斯紹華、曹純鏗、王薇、張立泰、林昭憲、郭
榮國和謝益加。（以會面的時序列出）

擁抱絲路

/参/ 籌備 Get Started

肆.
Hit The Road: Turkey
啟程：土耳其

緩緩波浪盪著微弱藍光，
映照還未甦醒的街道。
蜿蜒曲折的石板上坡路盡頭，
這個稱為迦拉塔，
是俯控博斯普魯斯海峽的要塞，
更是歐洲通往絲綢之路的重要據點。
我們將在這個歷史的場景做最後的準備，
展開體能極限的考驗，
以及文明與土地的探索之旅。
面對這百年公寓，
我深深汲吸古城的氣息，
準備迎接全新的挑戰。

顛簸上路 Rocky Road

4月14日清晨，頂著疲憊的身軀，累累的行囊和滿滿的祝福，我飛過整個亞洲，來到伊斯坦堡位於歐洲疆界❶的阿塔蒂爾克機場（Atatürk Airport❷）。乘車沿著馬爾馬拉海（Sea of Marmara），駛向市區。在蜿蜒曲折的石板上坡路盡頭，車子停在一棟百年歷史的公寓前，這個稱為迦拉塔（Galata）的區域，在十四～十六世紀時，被熱那亞人占領，做為俯控博斯普魯斯海峽的要塞，更是歐洲通往絲綢之路的重要據點。公寓旁就有他們建造的碉堡遺跡。何其湊巧，我們將在這個歷史的場景做最後的準備。

距離起跑，倒數六天，跑者和團員多已陸續抵達。我推門登上公寓階梯，來到小巧古樸、有時光痕跡的客廳接待區，迎面而來的是一頭鬈髮、掛著滿臉笑意卻掩不住倦容的英籍領隊安德魯史壯恩（Andrew Strachan）。

後勤領隊

這領隊的召募也是歷經波折。我曾透過許多管道招募，但幾經面試，適合的人選遲遲沒有出現。當時我心想，再給自己一個月，否則就親自下海，也順勢將募款工作交給明松和郭大為（我們的另一位夥伴）。沒多久，2010 年 12 月，透過香港極地長征公司（Racing The Planet Ltd）的女老闆瑪莉葛登（Mary Gadams），收到了安德魯的履歷。我很快地邀義傑一同前往香港與之碰面。一

① 伊斯坦堡地跨博斯普魯斯海峽，西邊屬於歐洲，東邊屬於亞洲，是世界上唯一橫跨歐亞兩洲的城市。她有兩個機場：一是位於亞洲大陸的為薩比哈科辰機場（Sabiha Gokcen Airport），另一是位於歐洲大陸的阿塔蒂爾克機場（Atatürk Airport）。

② Atatürk Airport，是以現代土耳其的國家創立者凱末爾（Mustafa Kemal Atatürk，西元 1881—1938年）為名的機場。Atatürk意為土耳其人之父，是土耳其國會於一九三四年，為表揚他的貢獻，封贈給他的姓氏。

開始不大習慣他低調的語彙表達；眼前這位語不驚人、少了點豪邁粗獷、臉帶三分慵懶神色的英國人，拼不出想像中探險家的氣質。

晚上，瑪莉和同事珊曼莎・方修（Samantha Fanshawe）請我們吃飯，意外的發現珊曼莎是他的女友，遂乘機瞭解他的個性、背景和價值觀。她給我極好的印象，幫安德魯加了不少分數。有機會和對方伴侶聊一聊，絕對是了解面試者的好主意，而且屢試不爽！

安德魯曾駕帆船橫越大西洋，參加過極地馬拉松比賽，也擔任過同樣賽事的義工；過去幾年，一直在運動相關的行銷、策展和節目規畫的領域工作。他心思細膩、善於複雜的規畫；永遠有最壞的打算、但也常因神經過於敏感、弄得人仰馬翻；有著溫和的溝通語調、

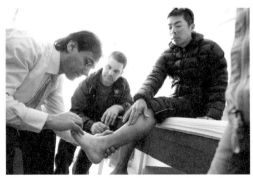

卻錙銖必較、奉行微觀管理（Micro-management），甚至間或讓人抓狂。

也許在新加坡和香港待過幾年，懂得禮節上的低調與尊重，但在交涉上堅守維護協會立場的底線。經過三個多月的共事，鑒於我們捉襟見肘的資源、極限冒險的不確定性以及多國籍團員溝通的複雜性，我確信安德魯是我可以交付任務的後勤領隊。

愛爾蘭保母

踏著嘎嘎作響的木條地板，登上三樓。住在我對面，半掩著門的，是物療師史帝芬麥納利（Stephen McNally）。

看來靦腆、專注、說話簡短、帶著濃濃愛爾蘭腔的史蒂芬，在未來的日子裡，幾乎每天都得和跑者披星戴月的早出晚歸：他為每名跑者準備一個貼有名字的補給桶，備有電解質、水、點心、蔬果和止痛藥物；每五公里左右，他選好適合的停車點，掀開後車廂，遠遠的讓跑者看到如沙漠綠洲的休息站，讓他們在這短短的兩三分鐘

內，快速的補充水分和營養；有跑者受傷疼痛時，就得迅速的檢視
處理；每天晚上，他得為疲憊、痠痛不堪的跑者，進行推拿按摩和
物理治療。

此時，我瞥見他床上打開一個大行李袋，取出數量龐大的繃帶、
藥物、電解質和輔助工具。

在準備起跑的那幾天，他一再清點檢查，以確保設備耗材完整齊
備。也許意識到旁人不一定聽得懂他的口音，他常用詼諧的表情和
手勢做輔助說明或結尾，消解冷場的可能。

哲學家與臺灣阿凡達

放下行李，和安德魯討論起跑前的準備事項。其中添購宿營設備，
成為後勤團隊的首要工作，以供二十餘名團員，像遊牧民族一樣，

不論在任何天候地形條件下，都能每日遷徙、自給自足、完成一萬公里的旅程。

　　那幾天頻繁的進進出出，有點像除夕前準備年貨的熙攘匆忙，但是規模大了許多。這個長長的採購清單包括：營帳（數頂雙人及三人帳、媒體帳、工作會議帳、炊事帳），寢具（睡袋、防潮墊／蓆、涼蓆、跑者專用海綿墊），廚炊具（爐具、儲水桶、儲物箱、瓦斯、烹調材料、鍋、鏟、壺、盤、鋼杯、刀叉）機電（發電機、汽油、暖爐、營燈、手電筒、頭燈、延長線）和挖廁所用的圓鍬、工作吃飯的摺疊桌椅和對講機、營繩、膠帶等工具。

　　負責採購工作的，是來自北京的康華，和義傑的朋友陳宏柏。

　　個兒頭精瘦、常低頭沉思、說話慢條斯理有如哲學老師的康華，是中國登山協會介紹給我的副領隊。他曾攀登多座八千公尺大山和

開闢無人攀登的高峰。來此之前，在西藏登山學校擔任高山攀登和
攀岩教練，也經常到法國切磋技能，培養了許多登山人才。

　　他對極限運動員的心態和精神狀況，有很高的同理心，也將扛起
未來不同營地的探勘任務，是安德魯和我經常諮詢的對象。

　　長期在臺灣擔任森林調查員的宏柏，就像地球版的阿凡達，有著
黝黑長髮與膚色，及炯炯有神的雙眼。起先，很擔心他不諳英文，
會有極大適應上的困難；但他以笑容取代語言，隨時保持游移的勞
動姿態，永遠以熱誠的服務，來滿足大家的請託。

　　野地求生經驗豐富的他，不論任何時間、地點，腰包裡總有瑞士
刀、打火機、打火石、酒精、指北針、手電筒和大垃圾袋（可裝東
西或充當雨衣用）。即便是在伊斯坦堡的幾天裡，竟也隨處派得上
用場！像是修改物件規格、尋找店家，甚至是處理傷口。他成了隊
上不可或缺、也最受歡迎的人物。後來發現，在探索的路上，比起
語言溝通，態度和團隊精神更能產生共識、凝聚力量。

③ 無國界醫師組織是一個旨在遭受戰亂或貧窮落後地區，提供人道醫療救援的非政府組織，總部設於瑞士日內瓦。一九九九年獲頒諾貝爾和平獎。

環保主義先鋒

從臺北出發前十天，已談好的醫療用品和醫師贊助企業，最後一刻竟突然退出。

安德魯緊急聯繫了曾服務於無國界醫師組織（Médecins Sans Frontières）❸ 北愛爾蘭籍醫生芮秋海登（Rachel Hadden），她不但一口答應，也允諾代為購買所有的醫療用品，隨身攜帶到伊斯坦堡。

出身醫生世家的她，從事醫療工作似乎理所當然，也沒有多想。某天，讀到一篇關於女醫師長駐南極服務的報導後，開啟了她走向公益的野地醫療生涯。她逢人就闡述如何過簡約、低碳的生活方式。為了以身作則，在二十天的先期絲路任務結束，交接給下一個醫生

後，她不搭飛機，而是選擇火車和船，從土耳其一路經過八、九個國家，回到北愛爾蘭。

當大夥兒正為起跑準備忙得不可開交時，她體貼的告訴我們可以交代她做任何事。結果，在伊斯坦堡的那幾天，芮秋替大家跑腿充值電話卡、買午餐、弄咖啡和影印文件等等。

「神奇公文」最需要的東風

除了後勤物資的整備，另一個緊急的任務，是在伊斯坦堡的聖索菲亞大教堂（Aya Sofya）舉辦起跑儀式和國際記者會。

這個象徵歐亞文明交會和宗教遞嬗的地標，一直是我心目中絲路長跑的夢幻起點，卻一直沒能找到願意承接的公關公司來處理場地申請和邀約媒體等事宜。於是，這些聯繫協調得自己來。

抵公寓的當天下午，緊急請了當地後勤夥伴聯繫場地。她回說，聖索菲亞大教堂的申請流程至少需要一個月。此外，在起跑的第一

天，全程有五十公里都在伊斯坦堡的大都會區，恐怕需要不少的警力支援。不過，憑著一星期前，從我們手上收到的一份公函副本，她覺得一切都有可能！

這份公文是我們早在三月初，透過素有盛名、踏遍中西亞古文明的資深嚮導黃建忠老師的介紹，我和安德魯去拜會土耳其在臺代表處（絲路沿線國家中唯一在臺設立的使館機構），造訪大使巴康（Ates Balkan）先生時拿到手的。當時他剛抵臺履新，態度劃切的聽取了簡報。我們提出希望能夠有一紙政府公文，隨身攜帶，證明我們在境內二十幾天路跑的合法性，以備不時之需。

結果，久候月餘，再回到代表處，巴康先生說，土國內政部長是他的好朋友，這位部長發出一封公函，致全國沿線各州市政府、海關、邊防及軍政警單位，要求給予絲路團隊一切可能的協助。

這份令人喜出望外的公函，後來被當地人稱為「神奇公文」（Magic Letter）！

果然，在倒數第四天，我們順利取得在大教堂前舉辦起跑的許可；當晚，在一位高壯的警察帶領下，探勘了實際地點，界定範圍。

接下來的二十幾天，這封「神奇公文」如「聖旨」般，護衛著我們在土耳其全境的活動。

踉蹌起跑

4月20日，陰雨綿綿，絲毫沒有影響我們出發的心情。我自嘲的說：「遇雨則發！」

聖索菲亞大教堂前，陸續出現土耳其國會議員、大陸領事、中國登山協會副主席；臺灣代表處人員臨時因身體不適而未能出席，令人感到缺憾。多家國際媒體，如CNN、彭博社、美聯社，當地媒體、還有隨隊的中天電視和旅遊衛視的採訪團隊一起見證這個歷史性的時刻。

我身兼起跑記者會的主持人和翻譯，向大家介紹擁抱絲路的活動背景以及從伊斯坦堡出發的意義。接著，跑者群和當地馬拉松選手，在安德魯的倒數聲中出發。

跑者群由義傑領軍，率領加拿大籍的茱蒂布倫蒙爾（Jodi Bloomer），中國大陸的白斌和陳軍一起展開長跑。

擁有一千三百萬人口的伊斯坦堡市政府，以全線交管的國賓規格，出動交通警察、警備隊和海巡單位的陣容。

正當大家驚嘆這壯觀場面時，卻見義傑加快腳步，一馬當先，茱蒂則在幾百公尺後苦苦追趕，而土國的馬拉松選手更是拉長整個隊伍近兩公里；這不但對每五公里的食飲補給造成困難，連警察都忍不住向我咆哮，這過長的交管，造成路口和交通號誌管控上的困擾，也因此發生了數起事故。

唯一的女性跑者

一年前，義傑原是邀請同是加拿大籍的 Ray Zahab（雷·札哈布），他們是一起完成橫越撒哈拉沙漠的夥伴（另一位是查理·安果，Charlie Engle）。但是臨行前五個月，他因妻子懷孕，預產期落在長跑途中，不克成行。

／肆／ 啟程：土耳其 Hit The Road：Turkey

不久，義傑喜孜孜的向我介紹來自加拿大、二十四歲的茉蒂：

　　一個捧著蘋果臉龐、閃爍明眸皓齒的女孩。她參加過兩場七天兩百五十公里的極地馬拉松賽：分別是 2004 年的智利阿他加馬沙漠（Atacama Desert），創下最年輕的參賽紀錄；以及 2005 年的戈壁沙漠，義傑是在這兒認識她的。

　　因加拿大動輒零下二十度的氣溫，很難在戶外練跑，而一天到晚在室內的跑步機練習，很折騰人。元月初，她興奮的接受義傑的邀請，來到臺北和他一起練習。

　　不久，我們分別在北京、臺北記者會正式宣布她為跑者群的一員，大家都為隊中有位女跑者感到新鮮、也有所期待。

默契出現了裂痕

　　但一個多月過後，兩個人的相處似乎有了摩擦。

　　三月底，我們安排義傑和茱蒂從高雄跑到臺北，做為絲路起跑的暖身，彰顯「從家出發」的在地的意涵。沒想到，在這七天「臺灣起跑」活動的最後兩天，他倆的體能出現明顯的差距。

　　每天八到十個小時、亦步亦趨的貼身跟跑，人的情緒無從隱藏，累積的壓力鍋隨時都可能會爆開；齟齬演變為成見，兩人的互動默契出現了裂痕。茱蒂離開加拿大一百多天，向所有親友榮耀的宣告這個千載難逢的機會，努力健身練跑，同時也承擔一心想迎頭趕上的煎熬、不斷的尋求身邊人的支持和心理建設。

內心與體力的交戰

義傑身為共同發起人和探險長角色，肩負只能成功的宿命，過去的榮光歷史反而成為有苦不能言的包袱；更因許多認同理念而來的募款與協助，形成莫大的沉重壓力。

行前那晚，我和他促膝長談，希望他至少給她七天時間，以早先他設定的八公里時速（茱蒂可以跟上的速度）來跑，給彼此一個機會。但是我沒得到正面的回應。而這個裂痕隨著非成即敗的情緒板塊持續擠壓，且日益擴大。

緊跟著義傑的陳軍，和受我請託陪著茱蒂跑的白斌，一前一後，只能沉默的接受這一切。

在這尷尬的情景之中，茱蒂得承擔成為瓶頸的難堪與痛苦，義傑也不時失控的辱罵。同車的安德魯和史蒂芬頻頻催促我必須強力介入這個難題。

我只能在當天僅剩的五公里補給點，告訴義傑我會勸茱蒂退出，請他帶團隊以較緩的速度跑完最後這一段。語畢，四人像是一艘整齊划槳的船，整齊的駛抵終點。

晚上，夥同安德魯和史蒂芬，我告訴茱蒂：考量義傑的重擔與情緒、團隊的運作、警察的戒護等因素，請她理解這個天人交戰的痛苦建議；茱蒂似乎和緩的接受。

不料，凌晨兩點多，她流著淚叫醒我，在和遠在加拿大的家人通過電話後，希望能再給她一次機會。

我反覆咀嚼後回道：「你確定這是你要的嗎？…你承受得起成為壓力的支點嗎？」

「我確定！我願意！」

「好，我會支持你！幫我個忙，叫安德魯和史蒂芬起床，他們得幫你準備東西。」

／肆／ 啟程：土耳其 Hit The Road：Turkey

擁抱絲路

壓力與體力的終點

不到早上五點，陸續來用早餐的團員，驚訝的看到茉蒂出現，都心照不宣的繃緊神經，冷冽的空氣中凝結著沉寂。

我沒有刻意再請白斌陪著她。跑者的配速與節奏，應尊重義傑的決定和其他跑者自主的配合。

起跑之後，沒有意外的，茉蒂一路落後。

到十公里的補給點時，她跑到我跟前，低聲的說：「Richard, that is it ！」（就到這兒了！）

我緊緊的抱住她，眼淚簌簌的流了下來。

她一一與團員擁別後，哭紅了眼睛和鼻尖的醫生芮秋，和我一起送她回到昨日的出發地。

沒有交管的伊斯坦堡，竟花了四個多小時的車程才開完這六十里路。一路無言、強忍住情緒的她，在辦完機票訂購手續，走出旅行社的後廊陽臺樓梯，終於忍不住倚牆蹲下，嚎啕狂泣。

再出發

跑者的速度從第三天起明顯慢了下來，而且每下愈況。

可能是一開始速度過快，加上沿途接連不斷的起伏地形的挑戰，義傑感到腳痛不適，跑步的姿態像是灌氣不足的輪胎，失去穩健的韻律感。

到了第七天（4月26日）下午，儘管停跑休息，但顯然不足以康復傷勢。

4月28日才跑20公里，又停下陣來，連一路嬉笑的陳軍也一併列名傷兵。史蒂芬判定，如果義傑的前脛壓力症狀不好好休養治療，恐怕會嚴重的影響團隊未來的推進。義傑內心的孤獨感、掙扎與痛楚，可以想見。

擁抱絲路

／肆／ 啟程：土耳其 Hit The Road：Turkey

　　在一個大家都很努力的極限團隊裡，弱者常會博得觀眾和啦啦隊
同情與支持：我們總會將自己心靈深處的自卑感，投射在奮發圖強、
不完美的弱者。他們的成功，彷彿也讓殘缺的自己，得到鼓勵，獲
得救贖。強者總被視為理所當然的推進器，也有我們不能理解的天
賦超人體質；如果先盛後衰，不是覺得典範已逝，就只是感嘆時不
我予的殘酷。

　　在什麼事情都來得很急的時候，要試著釐清脈絡，做出決定，並
不容易。但是只要回到事情的本質，也許比較容易撥雲見日。
「擁抱絲路」本身就是一個極限冒險，我們放下一切的投入到這個
荒域，無非就是決心完成一件不可能的任務。沒有完成，便是虛無；
這不僅是義傑和我的失落而已（這失落也沒那麼特別，再站起來就
是！），所有的贊助者，支持的朋友夥伴以及所有與家人告別的團
員，都得共同承擔。 也許，過程不盡完滿，但完成的承諾，必得凌

駕一切。

義傑曾是世界四大極地超級馬拉松❹的總冠軍，也是團員中唯一有持續長跑百餘日經驗的跑者。沒有他，整個團隊完成的機率將大為降低。

很多人問我，如果讓茱蒂「順順的」跑，她是否能完成絲路？

這恐怕永遠是個問號。

從日後義傑和白斌的平均配速來看，她要追上、甚至完成，的確有難度，需要一點奇蹟。

這回，在足足休息兩天半後，5 月 1 日重新出發。

義傑像是活了過來，步伐的規律彈性，恢復了八九成，順利的完成五十公里的日程。

義傑覺得可以跑得更遠，不過史蒂芬強烈建議，必須呵護好不容易逐漸恢復的傷勢，小心為上。

到了 5 月 5 日，已經可以跑到 70 公里以上。

❹ 標準馬拉松是42.195公里，超過這個距離的賽事，一概稱為超級馬拉松（Ultra-marathon）。這裡指的四大極地馬拉松是只由極地長征公司（Racing The Planet Ltd）分別在埃及撒哈拉沙漠、中國戈壁、智利阿他加馬沙漠（Atacama Desert）和南極寒漠所舉辦的7天250公里超級馬拉松比賽。義傑是2006年世界總冠軍。

土耳其街頭
給人一種沒有距離的親切，
商店街充滿了百花齊放的生活味，
刺激你的味蕾，也挑動日用生活的
想像空間。

／肆／ 啟程：土耳其 Hit The Road：Turkey

土耳其人 Turkish People

　　從土耳其一路走到新疆，沿途盡是多民族交織共處的情景。我的意思是在個別國家的公民，頭髮顏色從金黃、赤褐、栗色、棕色到黑色；眼珠顏色也不遑多讓，有琥珀、褐色、灰色和藍色。這和我們先入為主的單一民族色彩，相當不同，很令人嘖嘖稱奇。

歐亞文化各民族的調色盤

　　我原想，絲路是一條歐亞商路，它因促進東西貿易和文物藝術的交流，帶來文明的多樣性色彩。但我沒想到的是，民族的遷徙流動和文明發展的興衰交替，才是成就了絲路歷史定位的根本動力。

　　絲路民族面貌的多樣化，是這個區域大歷史產生的結果。從我個人對世界文明史的粗淺了解，自中古世紀到近代，這個地區的交錯輪動，其斑斕壯闊、目不暇給的程度，遠非世界其他文明可以比擬！

　　印象中的土耳其人，是長得像伊朗和印度人的綜合體：濃密黑髮、偏深的膚色、深遂的五官和中等高度的身材。到了當地，尤其是伊斯坦堡，才發現人種極為多樣，活現是歐亞大陸各民族的調色盤。

　　司機洛克曼瑞博（Lokman Recber），頂著深褐色頭髮、皮膚白

／肆／ 啟程：土耳其 Hit The Road：Turkey

皙、是個長相高大英挺但個性謙和的安卡拉人；嚮導諾兒布魯特（Nur Bulut）有著金髮碧眼，她身材嬌小，精力旺盛，是來自土耳其東北方、黑海附近的拉茲族（Laz）；黑髮白皮膚的酒吧經理。他們的祖先顯然來自不同的地方。

如果說，美國兩百多年的發展，吸引來自世界各地的移民，打造他們的美國夢，而造就了民族大熔爐；那麼，土耳其則是以超過三千年的關鍵板塊地位，形成民族文化大舞臺，至今仍方興未歇。

在西元前 1100 年，安那托利亞高原（Anatolia，占現今土耳其領土的 97%，餘為歐洲疆域的東瑟雷斯 East Thrace）的第一個由地中海族（屬於高加索族的淡色皮膚人種）建立的王國西臺帝國（Hittite）滅亡後，開始了各個種族的遷入。

　　它的地理位置，西接歐洲巴爾幹半島、隔海眺望希臘；北方隔著黑海與俄羅斯比鄰；南鄰阿拉伯世界；東部則是喬治亞、亞美尼亞和伊朗，然後銜接中亞、印度和中國。這奠定它成為歐亞大陸十字路口的中心地位，人文薈萃於此，種族色彩多元。其中，伊斯坦堡是中世紀早期世界最大的城市，至今仍是歐洲最大的都會，睥睨的散發兩千年底蘊的風華光芒。

從希臘到土耳其化

　　一開始是希臘人在沿岸建立起殖民地，之後歷經亞歷山大帝國和羅馬帝國的統治，持續長達近兩千年。當時的通行語言是希臘語。宗教上，在第二個千年，大部分區域是受基督教文明的薰陶。

　　聖索菲亞大教堂自西元 537 年建造完成後近一千年間，是世界最宏偉的教堂。同期間，安那托利亞高原的部分地區也先後受過亞美尼亞、波斯、阿拉伯人的統治和影響。

　　那麼我這些朋友的祖先是從什麼時候開始講土耳其語呢？一般認

▼ 土耳其及周邊鄰國

為是十一世紀時，從中亞 ❶ 來的塞爾柱人（Seljuk）在波斯建國後，向西攻打，占據了安那托利亞中部開始的。屬於突厥部落的賽爾柱人，當時約有一百萬人陸續移民到有一千兩百萬人居住的安那托利亞，他們不但帶來土耳其語和伊斯蘭教，也把深受波斯影響的文化藝術帶進這塊土地，譬如地毯和建築。

1453 年，另一支突厥部族興起，鄂圖曼土耳其人消滅搖搖欲墜的東羅馬帝國後，整個安那托利亞，加上伊斯坦堡，全部突厥化，成為現代土耳其的前身，這個地區信仰也從基督教改為伊斯蘭教。鄂圖曼帝國全盛時期的版圖延伸至北非，東南歐和中東。直到今天，仍有不少的土耳其人，繼續居住在這前帝國的領域。

現代土耳其，一種沒有距離的親切

1923 年，凱末爾擊退西方勢利，廢除了蘇丹制，成立了土耳其共和國。他決心把土耳其從晚期衰落的鄂圖曼，蛻變成一個現代化的國家。他鉅細靡遺的檢視這個國家所有存在的制度與風俗，進行全面的大改造。

他把土耳其文字從阿拉伯字母改為拉丁字母，並引進許多英法文的字源，試圖與西方接軌，並大幅消除文盲；廢除伊斯蘭教長與宗教法庭，確定政教分離的國家體制；以瑞士公民法 ❷ 為本，廢除一夫多妻制，規定去除女性面紗，給予婦女受教育、選舉、繼承財產和離婚的權利；要求公教人員穿西裝、帶禮帽；在全國成立數百個人民會所，舉辦各種藝文展覽表演、推行西方古典音樂和舞蹈活動，將土耳其注入現代豐富多元的藝術文化基礎。

凱末爾的大破大立和驚人的國家改造工程，論其規模、層面和深度，在世界歷史上，恐怕是前所未有，從結果來看，無疑是相當成功，土耳其應該是伊斯蘭世界(穆斯林占土國總人口比例99%❸)裡，

① 中亞地區的涵蓋範圍，各界說法不一。一般的共識是指歷史和文化上，游牧民族在絲路遷徙活動的區域。依現代國家疆界來定義，包括：土庫曼、烏茲別克、塔吉克、吉爾吉斯和哈薩克。

② 瑞士公民法（Swiss Civil Code）是由瑞士法學家尤金修伯（Eugene Huber）於1907年訂定，1912年正式實施。

③ KONDA Research and Consultancy（2007.09.08）.「Religion, Secularism and the Veil in daily life」.

／肆／ 啟程：土耳其 Hit The Road：Turkey

擁抱絲路

④世俗化（Seculari-zation）是指政治、社會、文化和教育等脫離宗教影響的過程。

世俗化 ❹ 最徹底、最民主和最富裕的國家。

無怪乎土國境內到處都有凱末爾的肖像和照片，包括沿途紮營時，看到教師講桌和學校廁所裡都看得到，其崇敬膜拜的程度，在民主國家中，非常罕見。

今天土耳其大城市的生活，與西方沒有兩樣。伊斯坦堡簡直就像是放大版的威尼斯：南鄰馬爾馬拉海，像是超級運河的金角灣和博斯普魯斯海峽分別從底部以 V 字行方向，往西北和東北延伸，忙碌的渡輪、遊艇和其他船隻穿梭其間。

我認為伊斯坦堡與威尼斯在人文景觀上，最大的不同，是更有人情味的市井生活和蓬勃的庶民商業活動。

從我們的公寓拾階而下，就來到縱跨金三角灣的迦拉塔橋。入橋處海灣旁有露天漁獲市場，各種魚類、蚌殼、軟體海鮮，羅列在蜿蜒的傘棚下，碎冰堆上；與車道平行的橋下兩側，各是一字排開的餐廳、酒吧和咖啡館；橋上除了不停穿梭的汽車、貨車和鐵軌電車外，兩邊都有數十位釣者，倚著牆杆，此起彼落放竿收線，好不熱鬧。

　　海明威（Earnest Hemingway，西元 1899 — 1961 年）在《流動的饗宴》（A Movable Feast）書中提到，1920 年代的巴黎塞納河上，看到城市中居然有人釣魚，覺得很開心有趣。我讀文的當時，還有不復舊景的感慨。沒想到更大更忙碌的伊斯坦堡，還保有這饒富情趣的場景。

　　走到對岸，傳統的土耳其咖啡、茶、甜點到處都有；從右拐入市場，日用生活的一切，都可以在那兒找得到；但它不是一般現代都會那樣，用價格來區隔市場，用不同的商品定位，來吸引你逐漸的向上消費，彷彿你的生活品質也可藉以提升。而伊斯坦堡市集，是以無限延伸的的街道，展示琳瑯滿目的商品到令人暈眩的地步，每個商店只賣一個類別的產品，卻有成百上千的選擇；糖果、蛋糕是這樣也許不稀罕；水煙、燭臺、乃至皮帶頭環、衣架、繩索都是如此，就令人嘖嘖稱奇！
　　土耳其街頭帶給人一種沒有距離的親切，商店街充滿了百花齊放的生活味，刺激你的味蕾，也挑動日用生活的想像空間。

／肆／ 啟程：土耳其 Hit The Road：Turkey

擁抱絲路

司機外交官

我們的司機之一,洛克曼瑞博,就是這樣的例子。

從第一天報到就身著潔白的襯衫、合身的西裝和黑色皮鞋。他之前是喜來登飯店宴會部經理,已退休三年,因認識車輛租賃公司老闆,時而承接高階客戶的接送。在「擁抱絲路」的任務編組,他擔任跑者補給車的駕駛,在整個車隊中,是最吃重而煩悶的。其他後勤車輛,一般是在營地和營地之間依正常的時速移動;但這部車,多以跑者的速度跟隨(媒體車也通常是這樣,一前一後的跟著跑者群),也就是約十公里的時速前進,每五公里停車為跑者補給,一天重覆往前十幾趟,一路這樣開到邊境的一千六百公里。

第一天看到他時,我和安德魯面面相覷,嘆他顯然沒有野營的經驗,也沒打算過簡樸的日子。也許過不久,就會走馬換將。結果,我們錯了!

一路上,護衛我們的警察和軍隊,分屬沿線不同的城市和單位,因此,每天都會有陌生的面孔交接。我們的嚮導諾兒,大都往前探

勘下一個營地，不在現場。

　　每到交接的時候，只見洛克曼自行下車，趨前向每位軍警握手寒
暄。雖然不明瞭他說的具體內容，但顯然他以虛懷穩重的態度，介
紹我們的活動，並愉悅的交換意見。只要附近有商店，他都會自費
奉上一杯杯、附帶方糖的土耳其茶，慰問他們的辛苦，儼然是我們
的第一線外交官。

　　儘管言語不通，但是本著誠懇的關懷和服務的熱情，就能夠解決
大部分的問題。從起跑到伊朗邊境，不論是開車、搬運東西、洗車
（土耳其的司機每天都洗車！），洛克曼永遠都是一身西裝，直到伊
朗邊境。

老爸廚師

　　還記得第一次在迦拉塔公寓見到隨隊廚師穆亞默（Muammer）
的神情。在了解我們的活動，日常作息和需求後，透過翻譯，一頭
灰髮白鬍、貌似聖誕老公公的他，滿臉笑容的說：

　　「我要把你們都養得胖胖的！」

／肆／ 啟程：土耳其 Hit The Road：Turkey

　已退休多年的穆亞默，曾有三十幾年餐廳廚師經驗。太太已過世，孩子獨立出外工作。他臉上看不出任何孤獨憂傷的陰影，反倒覺得自己可隨心所欲的生活和旅行。擁抱絲路的活動，激發了他內心底層的冒險因子，深深認同年輕人敢於作夢，才不虛度此生的價值觀。雖然老了，跑不動，也走不遠，但他很開心的以廚師身分參與這趟旅程，成為實踐夢想的一分子。

　他真的很看重這個任務。自覺動作緩慢，深怕耽擱跑者五點吃早餐的時間，他總是和搭檔杜爾莫斯（Durmus）在凌晨三點多起床，忍受攝氏五度甚至到冰點的低溫，摸黑準備早餐。

　四、五月間的安那托利亞高原，驟雨還晴，隨時可以口呼霧氣。

因此，每每在新營地卸下裝備時，他著手準備的第一件事，就是打開瓦斯爐燒水，撐開摺疊桌，備好即溶咖啡、茶葉、糖和奶精。營地永遠有壺熱開的水，就像等待旅人的家，一直點亮那一盞燈。

他的體貼，不只溫暖我們的身體，也暖和了我們的心。只要我們把飯菜吃乾淨，他便心滿意足。當後勤車輛駛經跑者時，坐在車上的他，總是激動的手舞足蹈，脹紅著臉大喊：「加油！」

有天，宏柏發現，他趁大家不注意的時候，一個人躲在卡車後面打胰島素。此後，宏柏、尤其是常待在營地處理影片的林有成（隨隊媒體成員）便常留意他的狀況，也盡可能的協助他。大家後來還

土耳其語是絲路的國際的語言？

我們沿著絲路從西到東，發現「土耳其語」，或應更精確的說是土耳其語源頭的「突厥語」（Turkic Language），是這一萬公里路程中，最普遍的語言。其中，以突厥語為國語的，除了土耳其，有亞塞拜然、土庫曼、烏茲別克、吉爾吉斯和哈薩克。此外，遠在東邊的新疆維吾爾族和許多俄羅斯南方聯邦國的主要語言也是突厥語。有些人以為這是鄂圖曼帝國版圖擴張的印記，但事實上，它的統治不曾及於中亞，就更不用說新疆了。

原來，歷史上的突厥人，也就是塞爾柱人和鄂圖曼土耳其人的祖先，最早是在新疆和蒙古邊境的阿爾泰山一帶活動，他們是匈奴 ❺ 後裔的遊牧民族。西元六世紀的時候，一支突厥人，原居住在甘肅一帶，臣屬於蒙古種的柔然部落，做著煉鐵匠的工作。後來他們勢力逐漸擴張，推翻柔然，建立了突厥汗國。他們的疆域西抵中亞 東達蒙古，突厥語由此開始延伸。雖然，這個汗國因為內部的分裂以及和週邊王國的戰爭失敗，沒能持續很長的時間，但憑藉這個民族優勢的騎射武藝和作戰能力，他們所經之處，要不是自立汗國，就是成為臣屬國的護衛軍，而占有一席之地。

西元九世紀他們接觸阿拉伯人，開始信奉伊斯蘭教。此時，同屬突厥人的維吾爾族 ❻ 從蒙古轉進到塔里木盆地的北方，使得原是印歐民族生活的地區有了突厥的特徵。也就是說，新疆和中亞地區出現突厥人和說突厥語的歷史，比土耳其還早！

❺ 一般認為，匈奴並非指單一民族，而是個遊牧民族部落的集合名稱，蒙古人和突厥人都是匈奴的後裔。

❻ 維吾爾族人在唐朝時，記載為回鶻（ㄏㄨˊ）或回紇（ㄏㄜˊ）。

發起了猜拳輸家洗碗盤的遊戲，變相的分擔令人哇哇大叫的冰水洗滌工作。最後幾天，接近伊朗邊境，大家已有依依不捨的離別愁緒。

離境前一晚，他竟表達希望能跟隨團隊一路到西安的想法，可以像老爸照顧我們……何其浪漫，也何其惆悵！

再見土耳其

這一天終於到來。

掠過路上綿延數公里，等待過關的卡車、貨櫃車陣，抵達多烏巴亞澤特（Doğubeyazıt）邊關。一箱箱東西卸到柵門的另一邊，一幕幕相處互動的情景也在腦海裡播放了起來。

過去一個月，我們也和本地後勤一起摸索這前所未有的長跑旅程，找出後勤運作的模式。除了諾兒，我們大都語言不通，但是土耳其人的熱情、自由、真誠和友善，抓住了旅人的心；熙攘的城市、壯麗的自然風光和豐饒的文明，飽滿了我們的行囊。

我們會永遠懷念土耳其，也希望這只是未來土耳其之旅的起點。

擁抱絲路

金黃色的拉茲族 Golden Laz

經過一個私立學校，看見綠蔭草皮的運動場。

諾兒·布魯特（Nur Bulut）往大門走去，要求見校長，請他們提供我們宿營場地。經過一個小時的介紹和討論，校長明白團隊的絲路長跑和住宿的需求。協調相關單位後，我們高高興興的進駐，準備紮營。

不料進行到一半，天空出現烏雲，她又出面找校長，請求更換營地到室內運動館。當然，她又馬到成功！

在土耳其的二十幾天的旅程中，當諾兒打開沙啞豪爽的招牌嗓音，不是神情激昂的介紹我們的活動，請求對方的協助；就是盡情的開懷暢笑，分享活在當下的愉悅時光。

拉茲族的奮戰精神

① 南高加索又稱外高加索，是指高加索山南部區域，涵蓋今天的喬治亞，亞塞拜然和阿美尼亞。拉茲語和喬治亞語系出同源。拉茲族人口統計不一，根據2008年土耳其境內各民族人口統計資料「Report of Distribution of Ethnic Groups in Turkey」數字顯示拉茲族人口約為八萬。

諾兒出生於是來自土耳其東北部、黑海沿岸的吉桑（Giresun），附近延伸到東邊一帶，多是拉茲族（Laz）的聚集的城鎮，他們是屬於南高加索 ❶ 種的白人。這個少數民族喜愛自由、熱忱好客，盡情享樂；遇敵對狀況，一致團結對外，驍勇善戰，為保衛放牧草原，可以奮不顧身廝殺，教人不寒而慄。建立現代土耳其的國父凱末爾，終身都用一百名拉茲族為貼身近衛軍，他們是唯一能夠攜帶武器進入國會的軍人。土耳其總統侍衛隊的血緣傳統，一直延續到今天。

諾兒的父親原住在黑海東邊的一個俄羅斯海港，母親則是生於希臘的薩洛尼卡（Selenik），據說凱末爾也是在這兒出生。諾兒的姓氏 Bulut（布魯特），土耳其文是「雲」的意思。想必她不但承襲父親擅長戶外運動的基因，也真心擁抱這個姓氏的天命：舉凡上天

下海的活動，如馬拉松、自行車、登山、滑翔翼，潛水等極限戶外運動，無役不與；她還曾是全國定向運動的冠軍。

除了偶爾偷閒和跑者們一塊兒跑個十五、二十公里，我無緣見識她的運動天賦。在絲路團隊，她負責當地車隊和廚師的溝通，以及協同康華探勘營地。她的角色像是帶領團隊行進的推土機：無論是市長、警察首長、校長和地主，都不能拒絕她的幽默的熱情遊說和誠懇的請託，讓我們的營地遍及派出所、學校、體育館、加油站、餐廳。為了找營地，和康華弄到晚上十一點才回來，是常有的事。

永不放棄，尋冰記

4月30日，開跑的第十一天，義傑和陳軍受傷休息進入第三天，原本我們不見得要從當地政府招待的賓館搬出來，不過真的不好意思沒往前跑還停留原地叨擾，也希望給氣氛低迷的團隊，灌注必定向前的信念，於是移往下一個營地。

不料，先前探勘的營地，必須通過一條稍窄的林道，大卡車開不進去。經過了一番折騰，我們在一個農村小鎮歐塔立卡（Ortalica），找到一塊草地。

問題來了，漫長的等待讓冰桶裡的冰塊化成一灘水。跑者們不能不冰敷，明天一定得跑。

諾兒只好到了鎮上唯一的街道找冰塊。街上只有兩個商家；雜貨店沒有冰箱，咖啡館沒有冰塊。諾兒逢人就問，最後，咖啡館的一個客人想起家裡有冰在冷凍庫的瓶裝水，他急忙騎機車回家取冰，在拿到街上給諾兒，才結束這場慌亂的尋冰記。

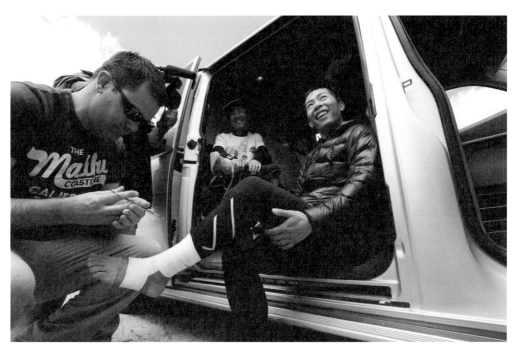

奮戰不懈，「殺」進四星級飯店

　　5月8日，往埃爾津詹（Erzincan）探勘的路上，也就是裝甲戰車出現的前一天，軍方已告知，為了安全考量，不能在野地露營，最好是集中住宿，集體行動。

　　諾兒看見了一間富麗堂皇的四星級飯店，想去試試運氣，陪同的康華和韓飛（旅遊衛視）覺得她太不現實了，這不是我們住得起的地方。

　　照例，她把我們的東方臉孔當成人形立牌，拿出「神奇公文」，滔滔闡述絲路活動。 飯店人員表示，訂價美金 150 元，可以打對折！

　　這和我們的預算差距甚遠，她作勢要離開，卻被對方留了下來。

　　接下來，就是冗長的斡旋。房價從 50 美金，到 35 美金；從含早

餐，到不含早餐，不使用房間消耗品（衛生紙除外）；還拿出當地媒體報導，曉以大義。

兩個半小時後，她談成 35 里拉，也就是不到 20 美金一晚。團員們開開心心的住進一路以來最高級的飯店。

對她來說，永遠沒有關起來的門，因為她不但了解敲門的藝術，也懂得如何坦蕩蕩敞開自己的大門。堅定而熱情，直率不魯莽。

她掌握了一把萬能鑰匙，能夠隨心所欲的開啟機會之門。

問她到底怎麼會成為這麼獨特的人？

「拉茲！」說罷，遞給我們她剛從路邊摘下的油菜花，跑者把花別在遮陽帽上跑完了那天剩餘的四十公里，「因為我是拉茲族！盡情享樂是我們的天性！」

這就是屬於拉茲族毫不保留的浪漫，諾兒就是來自黑海的那朵開的最燦爛、金黃色的花。

驚險地域庫德斯坦

從前聽到庫德族，彷彿個遙遠朦朧、和戰亂連結、但不確定面貌和地理位置的種族；絲路長跑，讓我們有了近距離的接觸。起跑的第二十一天，保護整個團隊的，不只有警察，還有配備機槍的軍用裝甲戰車，因為庫德族的「恐怖組織」就近在咫尺⋯⋯

起跑前兩天，一個在伊斯坦堡熱心幫助我們的醫生朋友，寫了一封嚴肅但克制的信函給我和安德魯：

「⋯⋯我把你們的文件轉發給周遭的朋友，有人注意到土耳其的長跑路線圖上，在東南部的位置標注有『庫德斯坦』（Kurdistan）的地名。對於很多土耳其人來說，特別是官方，這個字眼非常敏感。你們若在公開場合提到這個字眼，可能會引發無法預測的反應，請務必小心處理！」

我們當下就修改文件，同時也激發了我，想進一步了解庫德族的背景和故事。

① 西亞是指中亞以西的亞洲地區，包含整個阿拉伯半島在內的地區。

② 根據美國中央情報局出版的世界概況（The World Factbook），庫德族在土耳其境內有一千四百萬人，占總人口18％；伊朗七百八十萬，10％；伊拉克約五、六百萬，15～20％；敘利亞約一百二十萬，6％；其他分布在德國、亞美尼亞、亞塞拜然、阿富汗等等。

▼ 庫德斯坦　　　　　　　　　　　　　　　　　　　　　　　來源：美國中央情報局，1992

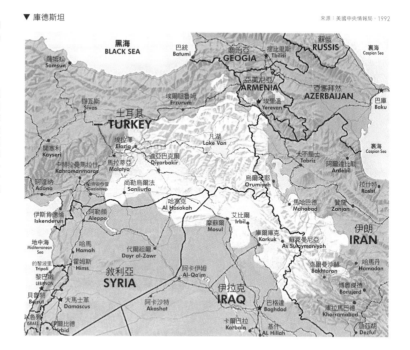

庫德族 Puzzling Kurds

　　現今庫德族約有三千五百萬人，在西亞地區 ❶，是僅次於阿拉伯人、波斯人和土耳其人的第四大民族，比整個加拿大或澳洲的人口還要多。「庫德斯坦」字義意庫德人的土地（Land of Kurds），地理上是指傳統上庫德人居住的區域，目前分割在土耳其、伊朗、伊拉克、敘利亞的邊境，成為這四個國家的邊疆少數民族 ❷。

　　在有文字的記載的歷史，庫德族至少已存在了 2500 年。西元前 500 年左右，有悠久農業文民的波斯帝國，統稱來自伊朗的遊牧民族為庫德（Kurds），他們說庫德語（伊朗語系的一支）。以血緣來說，庫德族除了伊朗，還混有亞美尼亞和突厥的血統。中世紀時，他們漸有了族群的意識，分屬在不同的公國。

擁抱絲路

③ 庫德族在其他鄰國的處境和經歷大致相同；但2003年美國入侵伊拉克後，伊拉克的庫德族成立了庫德斯坦政府（Iraqi Kurdistan），有自己的國旗和選舉。

庫德族曾有輝煌的歷史。十二世紀知名的領袖薩拉丁（Saladin）建立阿尤部（Ayyubids）王朝，統治今天的土耳其東南角、敘利亞，阿拉伯半島西部和埃及地區達兩百年之久。十六世紀以後，鄂圖曼帝國採取溫和的懷柔政策，讓庫德族各公國維持半獨立的自治地位。

在一次大戰後，隨著鄂圖曼帝國的瓦解，帝國轄下的許多地區紛紛獨立建國。庫德族原有機會和亞美尼亞一起獨立，成立庫德斯坦國；但不久，在凱末爾發動革命，將四分五裂的土耳其建立成一個新興的民族國家時，堅持安那托利亞高原的完整性，不承認庫德族的存在。

土耳其政府稱庫德族為山地人（Mountain Turks），並禁止庫德語的使用。這期間，他們發起多場暴動革命，雙方都付出很大的代價。之後禁令解除，但要求獨立的願望仍然高漲 ❸。1987 年成立的 PKK（庫德語 Partiya Karkerên Kurdistan，庫德族工人黨），就是在這樣的背景下誕生。PKK 是一個武裝的軍事團體，在許多國家列為恐怖組織，他們的目的是希望能在庫德斯坦獨立建國。

戰火氛圍下的高壓

回到絲路現場，5 月 10 日，起跑第二十一天，在四周高山還覆蓋著白雪的埃爾津詹（Erzincan），土耳其警方懷疑 PKK 在這一帶出沒，建議我們天亮之後才能出發。由於土耳其全國代表大選將在 6 月 12 日舉行，他們動作頻繁，宣稱可能發生一場戰爭，游擊戰火在土國東部山區零星展開。幾天前，據說離路線才 10 公里的托卡特（Tokat）遭受 PKK 黨人襲擊，有員警喪生。

起跑十五公里進入山區後，軍隊裝甲戰車陸續出現了，共四部！消息指出，昨晚 PKK 在附近引起騷動，要我們特別小心，不能有

人脫隊！大家的神經也特別緊繃；特別是義傑、白斌和陳軍挺著肉身毫無遮蔽的在馬路上跑，幾乎像是活動標靶。

到 30 公里處左右，史蒂芬急急的跟義傑說：「我們沒有選擇，趕快進來！」三位跑者二話不說的上車。

車開了將近 500 公尺，再放下跑者。

軍方解釋剛剛看到峽谷上方有可疑人士的蹤影。

但大家，尤其是跑者，都希望能履行全程完成的承諾，否則即便完成一萬公里，卻少了區區五百公尺，恐怕一輩子都會遺憾。於是傍晚到了終點，軍警解散後，跑者和史蒂芬私下回到峽谷下方，填滿空白，當天依然完成了 70 公里的路程。

我們的當地後勤團隊朋友，對庫德族多沒有好感，一位司機形容他們是粗暴殘忍的民族；另一位喝了幾杯酒之後，聊到新聞畫面中的受害情形，激動得哭了。其中包括 PKK 如何進入民宅殺死嬰兒的情景。

相較於這次的步步為營的氣氛和驚悚的聽聞，前一年的探勘經驗卻截然不同。

庫德人是這麼的熱情親切

在土耳其路線的最後一個城市，鄰近伊朗邊境的多烏巴亞澤特（Doğubeyazıt）東邊五公里處，有座庫德貴族在十八世紀建造完成的伊斯哈克帕夏宮（Ishak Pasha Palace）孤傲的聳立在陡峭的山壁上。

在可以仰望這棟遺世獨立的宮殿的下方山坳處，牧羊人葉姆利韓（Yemlihan）、孫子阿布杜拉（Abdullah）閒散的在綠地上放牧羊隻。爺爺熱情的邀請若軒和東尼到他不到十坪空間的家。雖然生活拮据，他還是盡其可能的招待，介紹所有他的家人，讓待到想走為

／肆／ 啟程：土耳其 Hit The Road：Turkey

止，完全沒有陌生人可能會很危險的戒心。

　　「在這兒，只要你舉手招車，沒有不停下來的庫德人。」若軒說。

　　晚上，若軒招到小卡車，滿臉笑容的年輕司機，載著一整車五金工具，想說什麼卻表達不出來。黑暗中他撥了朋友的電話，說了一大串話後，他把手機交給若軒，裡面一個年輕聲音說：

「Hello！Friends from Taiwan！Please please tell your people that we need a country！We are different from Turkish. Kurdish needs a country.」（哈囉！臺灣的朋友，請告訴你的同胞，我們需要一個國家，我們和土耳其人不同，庫德族需要一個國家。）

④ 在土耳其東部，烏法爾市郊發現的哥貝克力石陣（Göbekli Tepe），證實至少有一萬二千年歷史，比金字塔還要早八千年出現，是人類至今在地球上發現最早的文明遺蹟之一。

土與庫民族情感裂痕的歷史

　　土耳其是我最喜歡的絲路國家，自然風光壯闊，市場人聲鼎沸，充滿自由的氛圍和生機蓬勃的氣息。在二十世紀民族國家風起雲湧的誕生時，凱末爾建立的土耳其，在所有伊斯蘭世界最早接受西方的民主自由理想，成功的打造一個現代化的國家。在這些改革當中，她刻意疏離阿拉伯伊斯蘭教的影響，強調突厥文化和安那托利亞歷史的連結性與主體性。

　　土耳其人深以安那托利亞高原是人類文明搖籃的資產為傲：在這塊土地上，出現人類最早文明古蹟 ❹，最早從遊牧生活轉移到的農作和家畜的農業文明等等。我完全理解安那托利亞保持完整的使命感，但它影響了庫德族獨特文化的存在，土耳其人也付出相當代價。

擁抱絲路

　　但是從弱勢的庫德族來看，自二十世紀起，總計至少上百萬的庫德人遭到強迫搬離世居的土地，數十萬人死於流離失所或殺害；其中也有雙方構陷的不幸事件。不斷的誤解與報復，恐怕不是解決問題的方法。其實，土耳其政府已做出許多的努力和賠償，而誓言加入歐盟的決心，相信會在遵守歐盟人權規範的要求下，做出更多的妥協，和尋求和平相處的方式。

　　其實，有部分的庫德族人，已認同了土耳其。但是我發現，帶有民族情感裂痕的歷史，不容易提出雙方都能接受的客觀論述，真相也不容易獲得。從我們自身的處境和過去的經驗，不難理解這個複雜的困境。只有不斷的還原歷史，還原正義，統治者持續的理解、尊重和補償弱勢一方，或許有一天，真正的和平會終於出現。

　　他們的故事值得我們去關心和了解。因為，歷史不斷的在各地重演，直到我們學會面對解決為止。

新土耳其人 New Turkish People

距離出發到伊斯坦堡前三天左右，人稱「耿姐」的土耳其代表處耿慶芝小姐，猛然發現，我們雖有神奇公文，但沒有媒體簽證是不行的。於是她一馬當先的運用自己的人脈關係，聯絡在安卡拉的前國會議員切維克先生（Ulvi Rûşen Çevik），花了三天三夜，終於在媒體飛抵土耳其的當天，拿到文件。

此外，他們還幫忙動員了國際媒體到聖索菲亞大教堂，參加我們的起跑儀式。耿姐是第一位嫁到土耳其、並成為土耳其公民的臺灣人。1993 年，土耳其在臺灣成立代表處的第一天，她就是大使的秘書。

耿姐的家族見證了大時代的變遷。他的公公韓木札（Hamza）是 1947 年選出的第一屆國民大會新疆省代表。1949 年，國共內戰，國民黨政府節節敗退，在新疆地區，不願意受共產黨統治的維吾爾族，多隨國民黨政府遷到臺灣。

哈薩克族的流離史

韓木札是新疆哈薩克族、強特斯（Cantas，意思是「活的石頭」）部落的首領。1950 年 3 月，哈薩克族領袖和各部落族長在天山東方的巴里坤召開族人大會，討論何去何從。據說，當時許多哈薩克人長途跋涉，「一共聚集了至少一萬五千人、一萬兩千匹馬、七千頭牛和一千多頭駱駝。」❶ 不料在 4 月中，共產黨突然發兵攻打巴里坤營地，族人死傷慘重。他們只得四處逃亡。

韓木札和部分族人，當時在烏魯木齊附近的博格騰峰放牧，一聽到這個消息，就帶著才結婚十五天的新婚妻子，和許多族人，往下經由羅布泊、甘肅、青海，走到西藏喜馬拉雅山區。

那裡不僅天寒地凍，許多族人還因為得了高山症，身體不適而死

①②〈哈薩克人如何逃出中國〉密爾頓J克拉克報導《國家地理雜誌》1954年11月號。

亡。據說，當時症狀之一是身體腫脹，長輩會強迫同行者喝尿以減輕病徵。後來，也真有人復原。

兩年半後，他們得到西藏人的指引，經由邊境小鎮日土縣（Rudok 又稱 Rutog），進入喀什米爾的班公錯（Pangong Tso）❷。疲累的族人向守軍繳械，印度政府收留他們暫時居住在這個信奉伊斯蘭教的山區。

這時，哈薩克族人僅剩一千多人。停留期間，韓木札妻子依西肯（Isken）先是懷了一個女嬰，難產。一段時日之後，再度懷孕。在冰河旁的避難所，生下了一個男嬰，就是日後耿姐的先生——法提合（Fatih）。

這起難民事件，引起國際關注，美國和土耳其的駐印使館，紛紛伸出援手，表達歡迎移民的申請。

在族人的內部討論，年輕人傾向到世界最富足的美國，是理所當

然的。但老一輩卻憂心指出,他們的顛沛流離,就是為了延續哈薩克族的命脈,維持伊斯蘭教的生活方式。如果移民美國,固然生活優渥,但未來民族傳統與特色,恐怕會喪失殆盡。土耳其的生活條件雖然沒有美國高,但這是突厥語系的國家,又是穆斯林兄弟的所在,相信可以生根,活得有尊嚴。

新土耳其人與臺灣結緣

一年半後,在土耳其政府的許可下,韓木札帶領僅剩的一千多名新疆哈薩克族人,坐火車到孟買,然後搭船抵達伊斯坦堡。最後,他們在土耳其西南部,離愛琴海只有一百多公里,馬尼薩省的薩利立(Salihli of Manisa)定居下來,成為土耳其人。

土耳其政府規定每個國民都要有姓氏,於是韓木札取了烏恰爾(Ucar)為家族姓氏,是「飛」的意思。依西肯雖然只生了一個兒子,但連同大娘的三個孩子,韓木札還收容了其他父母託付和不幸罹難、失去雙親的小孩,他共負起 31 個小孩的養育責任。

同時擁有老國大代表身分的韓木札,想讓小孩學習國語,在1973 年送了法提合來臺灣,進入臺灣大學土木工程系。因緣際會,認識了耿姐。

婚後,回土耳其定居,法提合知道母親念念不忘那未能存活、但已取名為阿伊夏(Ayse)❸的大女兒,所以,阿伊夏成了耿姐的土耳其名。回土耳其才兩個月,公公過世,夫妻倆承擔撐起家族重任。

六年後,法提合有機會回到臺灣,到當時的新疆省臺灣辦公室工作。這個單位裁撤後,他轉入僑委會服務。不久,土耳其第二任大

使，把他挖角到土耳其辦事處，擔任經濟顧問一職，成為耿姐的同事，直到今天！

出發到伊斯坦堡前，我只見過耿姐一面，但熱血的她，把「擁抱絲路」當成是自己的活動。問她何以如此的投入，毫不保留的幫忙。身為穆斯林的她說：

「過往的客人，即便是陌生人，也都是真主的客人，我們應盡最大的誠意去接待他。因為來者是客，真主必有安排，無須擔憂是否有足夠的糧食，更無須顧慮是否有空間可以讓他居住，只要賓主隨意而安，一切自然不成問題……五十幾年前，土耳其政府就是這樣接待我公公的家族。你們從土耳其出發，將跑過們他曾經遷徙的路途，一定會很辛苦……我是用同樣的心情和態度來招待你們啊！」

擁抱絲路

/肆／ 啟程：土耳其 Hit The Road：Turkey

擁抱絲路

／肆／ 啟程：土耳其 Hit The Road：Turkey

4月27日清晨的德黑蘭，
氣溫二十度，
陽光如超極探照燈般亮得讓人睜不開眼，
舉目遙望四周白雪靄靄的高山。
跟想像中的
荒漠高原、塵土飛揚的景象，完全不同⋯⋯
想到伊朗奧會秘書長阿夫夏爾札德先生說的：
「伊朗是備受世人誤解的國家，請你透過這個活動，
展現伊朗美麗的自然風光和人民真實的面貌！」
這段話，在日後的旅途中不斷出現，
成了大多數伊朗人的心聲！

伍.
Iran
伊朗

備受世人誤解的國家！
The Most Misunderstood Country

4月17日，起跑前三天，我們在伊斯坦堡迦拉塔公寓接到伊朗領事館通知，簽證已經核發下來，一時之間，大夥兒奔相走告，喜形於色。

當晚，我們還請大家集合到我房間填資料，詳細告知每個欄位應填的資料，避免任何差錯。填著填著，若軒幫大家拍起搞笑大頭照，流瀉滿心的歡悅，當天的新聞畫面還傳回臺北。

詎料，隔天我和安德魯去取回簽證後，發現有些團員的核發停留天數只有兩個星期，媒體只有一個星期，而且在入境前兩天就失效，我們當場愣在那兒，苦笑道：「There's never a boring moment！」（永遠沒有閒下來的時候！）

攘抱絲路

　　土耳其以外，中西亞國家從來不是大眾化的觀光旅遊地點，簽證核准的規定和流程，不是那麼透明；加上我們團隊成員分持六種護照，適用的規範複雜，預計停留天數又長於一般的兩個星期。

　　我心裡很早就有準備，簽證的申請將是此行最核心關鍵的作業。其中，由於特殊的國際處境，我認為最難的是伊朗。因此，我們早在四個月前就開始規畫。

　　協助我們的林婉美女士和楊方先生，還請了一位熟稔臺灣、伊朗關係，目前在臺研讀博士學位的伊朗朋友，擔任專案顧問。我們兵分多路，尋求任何可能的協助。包括：正式管道的伊朗外交部、伊朗駐香港領事館、中國外交部、中國登山協會、伊朗登山協會和國際奧會代表吳經國先生。儘管所有申請文件都按規定送出，我們離開臺灣之前，沒有任何回音。

　　回到土耳其現場。我們持續和所有可能協助的管道溝通，其中，

擁抱絲路

我們在 4 月 24 日寫信給伊朗國家奧會秘書長阿夫夏爾札德先生
（Bahram Afsarzadeh），提出緊急拜訪的要求，以說明我們的活
動和需要協的協助。

臨時轉飛伊朗德黑蘭

沒想到，隔天就接到他爽朗的答應。於是我安排了車去安卡拉機
場（Ankara），途中花了一個多小時，匆匆買了襯衫、西裝、黑襪
和皮鞋，就登上晚班機，飛往德黑蘭。

凌晨三點半抵達機場，掛著一臉沉靜笑意的當地夥伴蒂娜
（Dina），持著一枝玫瑰花（玫瑰是伊朗的國花）迎接我。送我到
飯店後，我們約好三個小時後見。

讓一個女孩子三更半夜的來接送，心裡頗過意不去。之後漸漸發
現，她除了體貼接待旅人，更真心的想帶給我伊朗的善與美。

4 月 27 日清晨的德黑蘭，氣溫二十度，陽光如超極探照燈般亮
得讓人睜不開眼，但我忍不住以手遮眉，舉目遙望四周白雪靄靄的
高山。跟想像中的荒漠高原、塵土飛揚的景象，完全不同。

進到秘書長辦公室外側的等待室，西裝革履的訪客接連魚貫進出，
陪同的攝影師和接待人員也前後的緊跟著。這等官式排場，我只在
總統府和臺北市政府見過。心想，伊朗長期在國際上遭受抵制和孤
立，外交單位施展的空間有限，處理很多事務不得不有政治的考量
和霧裡看花的流程。也許最無國界限制的運動部門，更有資源和舞
臺處理國際事務。

想到這裡，覺得應該是來對了地方，也給了我一個雙方合作的靈
感！

進入秘書長室，我首先代表吳經國先生向他致意，接著說明活動

背景以及在鄰國土耳其沿路的狀況。

他很直接的問道可以幫什麼忙？

我就開門見山的提出以下的請求：全隊的一般和媒體簽證、沿線城市的報備與協助、以及希望可以邀請當地運動員一起參與長跑。我也很樂意邀請伊朗奧會以共同主辦的身分，一起推動伊朗境內絲路長跑的活動。

聽我說畢，他當場指派兩名官員負起全責。他告訴我：「伊朗是備受世人誤解的國家，請你透過這個活動，展現伊朗美麗的自然風光和人民真實的面貌！」

這段話，在我們日後的旅途中不斷出現，成了大多數伊朗人面對外界的心聲。

不到一個星期，全隊都收到了簽證核准號碼，我們可以在路經的土耳其東部埃爾祖魯姆（Erzurum）的伊朗領事館，領到簽證。

／伍／ 伊朗 Iran

一波未平一波又起　One After Another

接近伊朗，心裡夾雜著忐忑與好奇，提醒隊員務必尊重當地文化，謹守團隊行動和相關的法律規定。一方面，伊朗是世界上少數訂定伊斯蘭法律位階凌駕國家法律的伊斯蘭共和國 **❶**。大多數人並不明瞭它的全部意涵，只知對我們的影響是在街上不能穿短褲走動、嚴禁飲酒、嚴格的媒體拍攝規範等；還有，不看女生的頭髮和身形；另一方面，對伊朗特殊的國情，我們更是得低調，以順利穿越伊朗全境為最高原則。

怎麼說呢？

就大環境來說，伊朗上屆總統大選的爭議，沒有獲得根本的解決，反政府的情緒未平。其次是 2009 年底，一名突尼西亞無照的

❶ 伊朗、巴基斯坦、阿富汗和茅利塔尼亞等四個國家，都有「伊斯蘭共和國」（Islamic Republic）作為國號的一部分。伊斯蘭共和國的意涵以及伊斯蘭教在政治層面的角色和影響，在每個國家都不相同。在意識形態上，是政教合一的概念，融合了宗教法制、民族主義和共和體制的精神。

② 此次示威是從阿拉伯的國家開始，反抗的形式也最激烈，這一連串出於經濟發展、社會公平和民主政治要求的抗議風潮，又稱為「阿拉伯之春」，涵蓋的區域包括大部分的中東、北非和部分的中非國家。

攤販青年，遭警方沒收攤車，憤而自焚身亡，引發了全國各地的示威抗議，最後導致當權政府倒臺，世人稱之為「茉莉花革命」（茉莉花為突尼西亞國花）。這股風起雲湧的革命，延燒到埃及和利比亞，也產生了政權交替；同時各種抗議浪潮，更在其他二十幾個國家發生 ❷，伊朗政府可能會心生警惕。

就團隊的背景，我的領隊安德魯是英國籍。英國政府自十九世紀末到1979年，長期獨占伊朗礦產和石油資源，並發動政變，以維護其不平等條約的利益。英國和美國被視為帝國主義的化身（尤其前者），安德魯的國籍是個敏感的標籤。

　　結果，這些心防在進入伊朗邊境所受的禮遇後，就漸漸的鬆懈下來。

　　伊朗國家奧會的影響力果然很大，抵達前，伊朗馬庫市（Maku）邊關已封了兩三個鐘頭在等我們。

　　他們還特許雙方車輛在國界緩衝區的柵欄附近，以最原始的人龍接力傳遞方式，從土耳其後勤傳送到伊朗後勤團隊的鮮黃色貨車上。接著，在奧會安排下，每一個團員都接受花圈、官員合影以及媒體採訪等的高調歡迎儀式。

　　走出海關，不過短短幾公里之隔，天氣從陰濕冷冽變得乾燥涼爽，大地也從綠坡起伏轉換為褐土高原。往馬庫市的路上，終年覆雪的亞拉拉特聖山（Mt. Ararat），傳說中諾亞方舟的停泊處，出現左後方的土耳其邊境，似乎向我們作最後的告別。

陳軍腳傷復發

來到伊朗沒幾天，夢魘再度出現！
陳軍的腳傷復發。

二十七歲的陳軍，是來自寧夏的馬拉松選手。在過去幾年裡，以三分頭的造型，搭配綠葉裙襬或桂冠，名之為「光頭綠葉」，行銷低碳的概念，參加各項馬拉松比賽。

他的心理年齡遠較真實歲數年輕：幽默、淘氣、愛出風頭。但是有「長官」在場的時候，他又機靈的低調有禮，讓人感覺突兀不自在。陳軍活力充沛，肌肉結實，但是跑步有點「O型腿」的怪姿，義傑曾覺得這是潛在的風險。

一開始，陳軍是處在精力過剩的狀態：跑步時經常嬉笑；在五公里補給時，常大口塞進史蒂芬準備的點心水果，彷彿他一直飢腸轆

轆或是很少看到新奇的食物。當義傑和白斌已經繼續往前跑了，他還利用最後一刻帶一瓶水，或小解，或者更換衣服，然後猶有餘裕的飛奔跟上隊伍。

不到十天，可能是因為他的跑姿，也可能缺乏極限長跑經驗產生的輕忽，四月底，義傑第二次停跑之際，陳軍也受傷了，此後可以感覺到他愈跑愈吃力了。

進入伊朗，他的步伐零亂，一瘸一瘸的前進，速度也跟不上去，經常落單。

5月23日，他因腳傷挨痛，物療師史蒂芬基於專業的考量，建議陳軍至少必須休息一天，否則他必然無法繼續以後的行程。這當然引起義傑的強烈反彈。

儘管我們一再解釋，本來在全程一百五十天的計畫裡，我們在每個國家都安插了兩天的保留時間，以備意外情形發生（譬如受傷、生病、安全威脅、通關問題等等）導致行程受阻，但仍可掌握抵達終點的時程。但他覺得身為探險隊長的身分沒有受到尊重，而且這一天的休息延宕，帶來心理上莫大的壓力。

我們怎麼好說歹說，都不能平息他的憤怒。還好，專程前來探訪的好朋友，也是我們絲路大使的斯紹華，及時安撫他的情緒，攝影師小葉（葉蒼霖）和宏柏也一同陪他去散散心。

除了史蒂芬的治療外，陳軍大多時間，一個人悶著冰敷。

5月25日，一恢復跑步，就碰到最嚴苛的行程，他們得從近1500百公尺海拔的納明（Namin），一路沿著蜿蜒的山路，下降到裡海沿岸、海平面的阿斯特拉（Astara），對跑者下肢的壓力很大，我們心情的沉重亦復如此。

陳軍一直說，是不是速度可以放慢一點。他雖始終落後，最終還是咬著牙完成。跟茱蒂的情形類似，在這樣的極限耐力運動裡，弱

者的意志力堅持會得到較多的同情與支持，而強者則會感受高處不勝寒的唏噓。

我們在土耳其開跑時，因為是城市全線交管，警力無法負荷長線的戒護，所以不能分成兩組。但是，伊朗的治安顯然不錯，我們路程多經過鄉村地區，也不太需要警力交管。除了行經亞塞拜然邊境附近，有軍車隨扈外，全程都是一部警車跟隨。

從那天以後，我們決定分兩組補給車，一部車跟著義傑和白斌，一部跟著陳軍。我在後面這部車上，幫他加油，盡可能給他完成的機會。

陳軍撐著踉蹌的腳步，很令人心疼，也很緊張。不到五天，5月29日，他的腳傷更形嚴重，得送進醫院作更完整的物理治療。這次沒有理由再影響全隊的進度，我們讓他好好休息，義傑和白斌繼續。但也因此，留營數日，可能是精神鬆懈了下來，他完成的決心動搖了。

我私下告訴安德魯，如果他能跑完日後的旅程，我願意在絲路活動結束之後，擇日送他回伊朗，完成未竟的旅程！

六天以後，他又回到路上，小試 20 公里。但隔天才跑了 12 公里，發生了更令人驚駭的事件。

中毒昏迷事件始末

6月6日早上，應該是個照表操課 70 公里的行程，尤其，有點令人困擾的跑者車司機，在昨晚遭當地夥伴開除。

他短髮刺青、體格精壯、應是偏白的膚色但可能常曬太陽的關係，有著均勻的亮棕色。身著細花襯衫和緊身牛仔褲，常聽重鼓音的快節奏歌曲。他有時講電話講到情緒激動的咆哮，也偶爾邊開車邊打瞌睡。

在我們嚴正警告後，讓他休息一天，告誡不得再發生。但過沒

／伍／ 伊朗 Iran

擁抱絲路

幾天，故態復萌，更因當地嚮導阿將（Arjiang）看到他疑似吸食「禁藥」，請蒂娜開除了他，換上對跑者最體貼的阿密爾（Amir），接替跑者車駕駛的工作。

大夥兒鬆了一口氣，領隊安德魯和蒂娜抽空去德黑蘭辦事。

才跑沒幾公里，義傑覺得身體像是在搭快速電梯一樣，似乎無法完全掌握自己的身體，他就讓白斌和陳軍跑前面。這是陳軍休息六天後，恢復跑步的第二天。陳軍也說腦袋昏昏的，漸漸的，視線裡的路肩的白線從一條變成兩條。

看到三人像軟麵條的身型和零散的步伐，史蒂芬把他們抓上車，緊急送往醫院。

到了醫院，剛被抱下來的義傑，意識處於半模糊狀態，但還能說上幾句話；白斌完全昏迷；陳軍可能水喝得少，竟有點亢奮的傻笑。醫生根據症狀判斷，懷疑他們飲用摻有類似鎮定劑的藥物。三人都插上鼻管，清洗胃腸。

消息由隨隊的中天電視，在沒有平靜的端午節，傳回臺灣，成為頭條新聞。總統馬英九先生也致電慰問，並派政府代表，就近拜訪。當時我從已從伊朗飛抵西安，洽談終點儀式的贊助。我一接到安德魯的電話，除了第一時間了解跑著的健康恢復情形，也意識到如果訊息溝通不當，升高到國際事件的層次，傷了伊朗的形象，掩蔽了伊朗政府對我們的大力支持，令人婉惜，也不禮貌。於是，我很快的跟臺北辦公室達成低調模糊的對外說法，以「疑似食物中毒」的說詞，回答外界的詢問。

這和我們媒體夥伴報導的「下毒」事件，有些不同，讓他們的新聞部同仁很不能諒解。雖然，檢體已送伊朗警方，最後並沒有得到伊朗官方的調查結果（這在意料之中），團員多懷疑是離職司機挾怨報復。我們終究不知道跑者的水是摻了什麼物質，也無從評斷。

伊朗人 Unveiling Iranians

　　團隊在這二十七天的日子，對伊朗人有著複雜難解的感受。

　　進入伊朗的前十天，因為相繼兩位嚮導的極端偏激的個性和不時大放厥詞的惱人行為，無法有效帶領當地車隊和廚師，我先後要求蒂娜讓他們離開團隊；廚師對我們天未破曉就需起床工作的作息，極不適應，對跑者的餐點供應，時有耽誤的情形；再加上那位被解職的司機以及跑者中毒事件，按理說，我們對伊朗人沒有太正面的印象。但這遠非伊朗人的全貌！

爽朗的伊朗人

　　在絲路全程六個國家裡，有最多運動員陪跑的是伊朗。

其中有位在大不里士（Tabriz）開雜貨店的阿克巴那迪（Akbar Naghdi），一共參與了三次：第一次士入境不遠處；第二次在家附近的路線跟跑；最後，還開了 1000 公里路，到東邊的巴波薩（Bábolsar）加入跑者，共跑了 150 公里。

此外，在絲路沿途，向我們表達最熱烈致意的──包括揮手、握手、鳴笛、高聲喊出「Selam ！」（加油！）或要求簽名的也是伊朗民眾。

記得到伊朗的第二天，我和安德魯去銀行換鈔。在路上我們還嘀咕著身上的歐元可能不夠，得找黑市用美金換當地貨幣。之前在土耳其的伊朗領事館付簽證費時，他們只收歐元，不收美金，更別提英鎊了。

到了銀行，好不熱鬧的人群漸漸的朝著我們看，甚至圍了過來。一個行員放聲的問安德魯：「你從哪裡來？」

▼ 阿契美尼德帝國領土

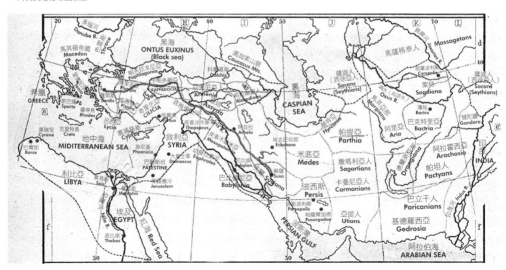

① 底格里斯河和幼發拉底河中下游區域，約在今天的敘利亞和伊拉克東半部。

安德魯試著閃避這個可能帶來麻煩的問題：「我的祖先來自蘇格蘭。」

對方又問：「那你的國籍是？」

一陣沉默之後，他吞吞吐吐的說：「英國！」

對方突然高調的對人群喊道：「你真勇敢，竟然敢來伊朗旅遊，你不知道我們是世仇嗎？」

人群閧堂大笑。

他拍拍臉紅耳熱的安德魯說：「來到伊朗，我們會把你們當兄弟一樣的對待！」

接著，一位在旁的民眾，趨前大剌剌的探尋：「我可以給你更優惠的匯率。」他報價後，就接著掏出伊朗里亞爾紙鈔，點數著更換的張數。銀行竟也不以為意。

類似這種唐突對比的情景，不時在伊朗出現。

說到伊朗，大家立即聯想到的是波斯文化。連同被解職的前兩位嚮導、接任的阿將和負責規畫管理的蒂娜在內，這幾位與我們接觸較深的伊朗朋友，其人文史地的涵養極高，都能侃侃而談，充分展現波斯古國的素質。還有，英文已經說得很好的伊朗奧會隨團代表易卜拉欣（Ebrahim），還經常利用空檔背英文單字（這是我們在學生時代才會做的事）。根據安德魯的判斷，他能掌握英文字彙，可以在他的家鄉英國，排名在最前面的 5％！

伊朗真正的面貌是什麼？或許我們可以從歷史上的幾個事件，來爬梳脈絡，試著理解伊朗朋友的處境和背景。

最早伊朗人和猶太人不是世仇

西元前 586 年，統治美索不達米亞平原 ❶ 的巴比倫王國占領了耶路撒冷，摧毀猶太人的所羅門聖殿。

　　四十七年後，來自伊朗西南部法爾斯（Fars，古稱 Pars，是波斯人的起源地）的居魯士大帝（Cyrus the Great），以精密的戰術征服巴比倫後，不但首次統一了伊朗高原，其國界還西擴至埃及、東至印度河平原。

　　這第一個波斯帝國，史稱阿契美尼德（Achaemenid Empire 西元前 559 — 330 年）王朝，統治當時人類有史以來最大的帝國。居魯士絕對是伊朗歷史上最閃亮的恆星之一。

　　戰功彪炳的居魯士，對各民族文明採取尊重寬容的政策：他釋放被強行囚擄到兩河流域的敗戰人民（包括猶太人在內），讓他們返家；下令修復埃及、巴比倫、亞述（也是伊朗人的一支）和猶太聖殿。

　　猶太人的心存感激，在聖經有所記載。以賽亞書載道：「我耶和華所膏 ❷ 的古列（居魯士的聖經譯名），我攙扶他的右手，使列國降服在他面前，我也要放鬆列王的腰帶、使得城門在他面前敞開……我要將暗中的寶物、和隱密的財寶賜給你、使你知道提名召你的、就是我耶和華以色列的神。」

　　歷史的演變何其弔詭？他們的關係，自始，是有恩有義的。現今，伊朗對以色列的確深具敵意，最主要的原因是，以色列的建國造成巴勒斯坦穆斯林兄弟流離失所，產生很嚴重的人道問題。但是他們對境內大約有兩萬五千名猶太人，給予相當的國民待遇。在所有的中東伊斯蘭國家裡，伊朗是以色列外，有最多猶太人的國家 ❸ ！

中古時期：異族入侵抹不掉文化底蘊

　　阿契美尼德王朝勢微後，被馬其頓的亞歷山大大帝所滅。之後，波斯地區曾說了一段時間的希臘語。

❷ 在這裡，「膏」是抹油的意思。受膏是接受抹油，擔任指定特定的職務。此文中，是指神所選定的人。

❸ 根據2006年9月22日英國BBC新聞記者Harrison Frances撰述的〈Iran's proud but discreet Jews〉（自豪又審慎的伊朗猶太人）報導：「Iran is home to the largest number of Jews anywhere in the Middle East outside Israel.」。

擁抱絲路

④ 早期的祆（ㄒㄧㄢ）教
（Zoroastrianism），是
瑣羅亞斯德（Zoroaster，
西元前628－551年，又譯
查拉圖斯特拉）所創立，曾
經是波斯帝國的國教，也是
中西亞地區的主要宗教。在
伊斯蘭教興起後，祆教就逐
漸式微。

⑤ 哈里發（Khalifa），根
據柏納路易斯（Bernard
Lewis）的研究，是真主
先知的繼承人（Khalifatu
Rásul Alláh），也可以
有真主代理人的意涵。哈里
發是伊斯蘭世界的最高領導
人。1924年，凱末爾結束
了鄂圖曼的統治，廢除了哈
里發的體制。

西元三世紀，薩珊王朝（Sassanid，西元 224 － 651 年）興起，除印度以外，波斯人恢復了大部分阿契美尼德王朝的領土範圍，史稱波斯第二帝國。到了西元七世紀，阿拉伯人統治整個伊朗高原，波斯人的信仰，從古老祆教 ❹ 逐漸改為伊斯蘭教，這對邇後伊朗人的生活方式和價值系統，產生了絕對性的影響。

不過，因為阿拉伯才剛脫離部落生活不久，在帝國管理的層次上，還不夠成熟；波斯的文官、典章制度和哲學思想，遠在阿拉伯之上，適得以充分發揮，反而充實了伊斯蘭文化，甚至後來還創造出不同於阿拉伯的伊斯蘭教派。

約一兩百年後，由於阿拉伯王國的統治階層和權力精髓的掌握，都在伊朗人手裡，哈里發 ❺ 的地位逐漸削弱，於是權力逐漸下放到各地的伊朗諸侯公國手裡。

十一世紀起，西亞地區又遭突厥（賽爾柱人）和蒙古人的入侵統治，但他們和先前的遊牧民族阿拉伯人一樣，接受深厚的波斯文化洗禮和政經制度。

在這兩千年來，不斷改變的國土疆域，以及與外族的衝突與融合，波斯文化的內涵變得多元而豐富。

近代到現代：帝國主義催生「基本教義」

1501 年，薩非王朝（Safavid，西元 1502 － 1736 年）再度統一了伊朗高原。從此以後，雖然歷經不同的朝代統治，參與許多戰爭，直到現在，伊朗一直維持相當完整的領土。

二十世紀初，英、俄兩大國覬覦伊朗的地理戰略位置和豐饒的礦產石油資源，以各種方式積極拉攏收買。二次世界大戰時，這兩國的軍隊入侵伊朗領土，使用伊朗的鐵路，運送武器給同盟國蘇聯，對抗德國，同時維護英國的石油利益。

　　到了 1953 年，伊朗人強烈不滿英國獨占境內的石油利益，總理穆罕默德摩薩臺（Mohammad Mosaddegh）順勢送交國會提案，通過了石油產業的國有化。不久，摩薩臺提議和英國均分石油公司利潤，遭到悍然拒絕 ❶。隨後，英國撤出英伊石油公司（隔年更名為英國石油公司 BP），不提供技術援助，導致產能下降；同時關閉煉油廠，封鎖伊朗石油出口港，還採取一連串的經濟制裁 ❷。事情還沒結束。

　　同年八月，在國王穆罕默德禮薩巴勒維（Mohammad Reza Pahlavi）勉強同意下，英國以伊朗會受到蘇聯控制的理由，要求美國發動政變（見 ❸、❹），摩薩臺遭到逮捕，判刑入獄。英國、美國和其他歐洲國家的石油公司則得以進入伊朗，經營石油公司。當時英、美不計手段的奪取利益與明目張膽的干政，莫此為甚。美國總統歐巴馬於 2009 年 6 月在開羅的一場演講中，雖然公開承認美國參與這次政變的角色 ❺。

　　但我不禁要問，現在以美國為首的國家，對伊朗實施的各種經濟制裁，真有其道德的正當性？

　　在 1953 年的政變之後，曾在英、美受教育的巴勒維，亟思有一番作為作為。1965 年，他推行了一連串國家現代化和經濟自由化的政策：包括土地改革，使大部分佃農有了自己的土地；森林和牧地收歸國有；國營事業私有化；訂定工人分紅制度；發展國民義務教育；成立識字兵團，讓退伍的年輕軍人到鄉村作教育；賦與女性選舉權；提升農作畜牧生產力等。因這些維新措施是不流血的改革運動，故稱為「白色革命」（White Revolution）❻。

　　很顯然的，巴勒維的「白色革命」是向凱末爾的改革看齊，他採取中央極權的方式，進行現代化的工程。實施的過程犧牲了很多人的利益，包括宗教團體持有的土地；伊朗的石油收入大幅增加，但

① 參考資料來源：2004年出版，Kincheloe, Joe L.和Shirley R. Steinberg編著《The Miseducation of the West：How Schools and the Media Distort Our Understanding of the Islamic World.》。

② 參考資料來源：1982年出版，Ervand Abrahamian著《Iran Between Two Revolutions》。

③ 參考資料：2000年出版，James Stuart Olson著《Historical Dictionary of the 1950s》。

④ 參 考 資 料 來 源：〈Clandestine Service History: Overthrow of Premier Mossadeq of Iran-November 1952-August 1953〉

⑤ 根據法新社2009年6月4日報導，美國總統歐巴馬對伊朗展現修好之姿，破天荒坦承認美國涉及1953年伊朗政變，推翻當時伊朗總理莫沙德（Mohammad Mossadeg）。歐巴馬在開羅對穆斯林世界的主題演說中說：「在冷戰中，美國曾參與推翻伊朗民選政府的行動。」」

⑥ 參考資料來源：Iran Chamber Society官網「White revolution, The-post Mossaddeq era and Shah's White Revolution，Iran Chamber Society」一文。

／伍／ 伊朗 Iran

王室財富的成長更凸顯統治階級的不當貪婪 ❼；1976 年，他更以
居魯士大帝的登基元年起算，改伊朗年曆為 2535 年 ❽，毫不掩飾
陶醉王權的好大喜功。

　　最後，在貧富差距造成的社會不公氛圍中，宗教團體和基層民
眾對其反伊斯蘭教義的施政和親西方的態度憤怒不已。在一連串
反抗示威中，造成示威者的傷亡，引起極大的反彈，終至不可
收拾。1979 年，巴勒維的君主專政倒臺，魯霍拉穆薩維何梅尼
（Ruhollah Musavi Khomeini）的神權政體成立，史稱「伊朗伊
斯蘭革命」。革命之後，很多敵對軍民遭到逮捕，有些失去了性命。

　　現在的德黑蘭街頭，看得出來，大部分的建築物是 1970 年代左
右留下來的。市區沒有任何國際觀光旅館、連鎖店、餐廳或服飾店，
很難感受民間經濟的活力。沿路很少看到外國觀光客。

❼ 參考資料來源：James
L. Gelvin 著《The Modern
Middle East: A History》。

❽ 參考資料來源：Robert
Graham 著《Iran: The
Illusion of Power》。

　　據我的了解，政府不積極鼓勵可能會危害伊斯蘭思想和行為的觀光業。自伊朗革命後，所有婦女必須戴上頭巾，不能穿看得出身材的衣服。全國禁止飲酒，連啤酒都不行，但麥芽口味的無酒精飲料，倒是相當盛行。

　　在伊朗期間，我忍不住想，這個民族曾寫下人類歷史上最輝煌的篇章，也影響許多文明。到十九世紀末以後的一百年間，經歷英、美、俄的強取豪奪後，它回歸到宗教法律凌駕一切的生活方式。

　　他們出國並不容易，（除了極少數國家，如土耳其，伊朗人去世界多數國家都需要簽證，而且不易取得），國外的資訊也不能從正常管道取得。

　　這些上承璀璨文化、外有強勢力量抵制、內有嚴密規矩的種種歷史和環境的包袱下，我的伊朗朋友們要如何找到生命的出口？在糾結扭曲的氛圍中，他們要如何排憂解悶，以求得心靈的平衡？

穴居城市 Cave Dwellers

5月20日，我們在大不里士附近。

行前就研究過，西南邊三十多公里處，有個年代已久的穴居城市。秉著好奇心，決定一探究竟。

這個地方叫康多凡（Kandovan），是一個火山灰凝結遺留的城市，遠看就像超級的防波堤巨石群，每個圓錐形的岩石就是住所。踏在屋頂上，走在前院裡，委身在月球表面的地貌上，打造出這個魔幻的穴居之城。

只是，這並不是他們最初欣然選擇的家園。

十三世紀時，夾帶著血腥的馬蹄聲與令人聞風喪膽的恐怖行徑，剽悍的蒙古大軍入侵這個區域。這不是伊朗第一次被遊牧民族入侵。七世紀的阿拉伯人和十一世紀的突厥族賽爾柱人，來得更早，但他們分別建都於附近的巴格達或本土的城市（有數處，伊斯法罕 Isfahan 是其中之一）。在接觸波斯文化後，發現不論他們現代國家是哪一國，都巧妙的沿襲原有的行政體制，有些塞爾柱皇室，甚至以波斯語為官方用語。他們都有長期定居的打算。但是遠從蒙古而來的軍隊，還不理解定居文明的好處和內涵。

成吉思汗在統一蒙古後，像是強烈的大陸高氣壓，吹向南方、東方和西方，攻無不克。他們憑藉優異的騎馬射箭武藝、耐得住極地氣候的生存和靈活駭人的戰術，建立強大的帝國版圖。

若是，敵人部隊眾多，他們會迅速逃逸到荒野，分數埋伏，再消滅敵軍；他們用極其殘暴的方式，用當地的俘虜作為正面軍隊，不從就射殺；以當地人民屍體，填塞護城河，攻進城牆；城內居民若抵抗，則全部殺害，有時還佯裝離去數天，再轉頭回城，將躲起來的居民，殺個精光。

伊朗東邊的內沙布爾（Nishapur）就遭遇這樣的不幸。他們會

將征服的地方，搗毀田地農作，夷平城市，將之變成騁馳的大草原，以俾管理或回頭征戰。

遺世獨立的穴居城市

距離西邊一千多公里外的附近村落居民聽聞，夜裡點著油燈攜家帶眷移居到康多凡，在堅硬的石塔上挖鑿出避難所。誰都沒想到這

擁抱絲路

一避就是七百年。大時代留下來的穴居，因為地處偏遠的而遺世獨立。

通常最底層是眷養動物的地方，雞羊群聚在開著小窗的石柱底端，這裡的石塔不像土耳其的巨大，因此石屋裡空間有限，第二層多包含起居空間，和一個小房間，面積約在七到十五坪不等，好一點的人家才繼續向上建造第三層的臥室。

一陣驢叫傳來，牠們踩著地上地上的糞便，背上馱的是一麻袋、一麻袋的磚頭建材。這裡的巷弄太狹窄太陡峭，動物成了唯一的交通工具。老翁朝驢背上一抽，驢子哀哀叫了幾聲加速前進，沿路攀登到了一堆落石前面。

原本堅硬的火山岩錐頂已經坍塌，砸爛了石塔的一半，洞穴成了半開放空間，附著在岩壁旁。洞穴裡的物件，被整理成堆，置放在上有遮蔽的地方。老翁一人從村子下一趟一趟載運磚塊回來修補家園，把磚塊砌在原本應該要是天然石牆的地方，重新蓋一個房子可能比修補還要簡單，他卻堅持要修補這個只剩一半的洞穴。

六十歲的赫勒伊滿，退休前他在電信局工作，四年前的地震，震垮這個的家。他一石一磚重建，原本要給自己住，但他的兒子即將成家，赫勒伊滿希望趕快完工，在兒子結婚之前送給他。赫勒伊滿的爸爸就住在下面不遠的石塔裡。

八十歲的阿濟茲（Aziz）坐在岩石鑿出石凳上，雙眼已經茫然，聲音卻洪亮。這四年來赫勒伊滿就跟他爸爸住在這裡。

穴居所在，石材堅硬，冬暖夏涼，但畢竟這不是年輕人憧憬的棲息地。多是固守於此的老一輩，和三三兩兩隔代教養的孩童。老翁是習慣了這樣的生活模式？還是因為一代傳著一代的經驗告訴他們，外面的世界依然危險？

詩般的洛爾人 Simply Poetic Lors

回到６月６日，前一晚好不容易處理了疑似吸食不名藥物的司機。這是蒂娜在過去二十天，開除的第三個當地後勤人員。

她深深喜愛「擁抱絲路」這個活動，從一年前在伊朗見到探勘隊員後，就滿心期待我們的到訪。不說長征本身的特殊意義，伊朗境內從未有外國人從事這麼長期的跨境旅程，也不曾聽聞有沿途宿營、就地起爐造飯的先例。她可以想像，有太多人，特別是旅遊業同行，忌妒她可以參與這個任務。

她更進一步，想爭取擔任全程嚮導的工作，尤其是前兩位嚮導離開之際，她跟老闆深談過，無奈旅行社還有其他後續的研討會和行程，非她留在公司規畫不可。她每次探班，一定親自監督食物的準備和烹調，更會捲起袖子花好幾個小時洗碗整理到凌晨，然後早起準備早餐，大家也都很開心看到她的出現。

距離邊境不到一個星期了，她有點不捨，對於未能參與全程，她深感遺憾，但一直膨脹的腦壓，終於可以舒緩一下；畢竟跑者身體無恙，團隊進行得很順利。

６月６日當天早上，她跟安德魯包了車，一起去德黑蘭，辦理下一站簽證事宜。日正當中，昏昏欲睡，突然聽到安德魯接獲史蒂芬的急電，告知跑者中毒送醫的事，蒂娜腦中一陣空轉，弄清楚了狀況，忍不住悲從中來，號咷大哭！

她怎麼也不敢相信，怎麼會發生這麼光怪陸離的醜聞？她一直小心的捧著這個際遇——讓一個長期「受到世人誤解的國家」，可以透過一個只有理想、沒有政治意圖的團體，藉由親身體驗，還原伊朗人的真實面貌。她知道人心不古，只是扭曲。她對跑者感到抱歉，覺得有負團隊的期望，而抬不起頭。她感覺到同胞的背叛！這不是第一次。 二十九歲的她，已被親近的朋友欺騙過兩次，財物損失不

／伍／ 伊朗 Iran

擁抱絲路

① 印歐民族原稱亞利安族（Aryan），在十九世紀末和二十世紀初，人類學家提出的種族概念，他們原是居住在俄羅斯西南部的游牧民族，約於西元前兩千年遷徙至伊朗高原。印歐民族的分布往東南最遠至新疆和印度，西南到土耳其和希臘，西至巴爾幹半島、義大利、德國等。這個名詞，是當他們抵達伊朗和印度時，自稱為亞利安族而來。伊朗（Iran）一詞意指亞利安人的土地（Land of Aryans）。二十世紀初，因部分人類學家和納粹據此謬誤的演繹其人種的優越性，誤導認知和造成歷史的傷痛，亞利安一詞逐漸不用，而以中立的印歐語系民族取代。

② 與聖經的列王記不同，純是相同的譯名。

斐。儘管如此，她只苦笑的說：「沒辦法，我是遺傳洛爾族的單純信賴的天性，我們相信人可以用互信的方式相處！」

洛爾族（Lors，亦稱 Lurs），是來自伊朗西南部洛爾伊斯坦。到二十世紀以前，多是過著游牧的生活型態。根據人類學家的研究，他們和庫德族系出同源，是伊朗的原住民和來自中亞的印歐語系民族 ❶（Indo-European linguistics 從俄羅斯西南部草原遷徙而來的白人）混血的民族。

蒂娜父親那一系的家族，到她祖父才開始定居下來，十八歲時結婚搬到德黑蘭，在鐵路局上班。他的家族姓氏原來是貝拉凡（Beiranvand），是洛爾族最古老的姓氏。對一般伊朗人來說，字尾有「凡」（Vand），就是洛爾族特色的姓氏。

由於歷經敏感的政治因素，他的祖父先是改成薩基（Saki），最後改成薛拉凡（Cheravand），完全是個新創的姓氏，沿用至今。

幾乎是自學出身的祖父，沒有接受過正式的教育，但對於伊朗的歷史和文學涉獵頗深。和其他的小朋友不同，蒂娜是聽祖父講歷史故事和詩歌長大的。尤其，他會用一種特別的腔調，以類似說書的形態（至今仍可在伊朗的茶館看到），口沫橫飛的對著她娓娓道來《列王記》❷（Shahnameh，The Book of Kings）的故事。

列王記可說是伊朗歷史上最偉大的文學作品之一，記述伊朗自遠古神話到薩珊王朝的，有關神學、歷史和、國王和英雄的故事。作者費爾道西（Ferdowsi，西元 940 — 1020 年）是蒂娜常念茲在茲的的文學巨擘。

西元七世紀阿拉伯入侵後，不但引進伊斯蘭教和阿拉伯語，也禁止波斯語文的使用。到了八、九世紀，殖民勢力漸衰，伊朗人和薩曼王朝（Samanids，西元 819 — 999 年）有了復興波斯文學的強烈欲望。在這樣的背景下，宮廷詩人費爾道西花了三十餘年的時間，

完成全文超過六萬個詩句的《列王記》，不但將完整的波斯語音，以阿拉伯字體保留重現，並注入新的時代精神，成為今天波斯語的主要來源。

③ The Cambridge Illustrated History of the Islamic World, Francis Robinson

　　隨著這部文學作品的問世，伊朗人有了自己的民族史詩 ❸。不管他們有沒有自己的國家，從此形成驕傲而鮮明的民族認同。

　　蒂娜說，伊朗遭受六次外族入侵（希臘、阿拉伯、突厥、蒙古、蘇聯和英國），四次滅國（前四次）的經驗，衍生出一種適應環境的特性，深深烙印著許多的伊朗人：為了生存，可以若無其事的活在當下，甚至在身不由己的環境中，隱藏真時的情感，發展出樂觀的天性。但骨子裡以伊朗文化為傲的靈魂，會把情緒的投射，對時政的不滿和民族的情懷，用詩歌、文學和傳統儀式，運用隱晦或變形的主題和客體，表現出來。

　　這不但是波斯文學藝術的一大特色，我個人認為，若文化藝術變

成民族共同寄託的載體,在「全民運動」的推波助瀾,和不斷的時空掏洗淬煉下,必會產生許多珍貴的人文資產。

蒂娜一家,從祖父、父親到她都愛詩,從八歲起,每年的生日禮物就是詩集。

她也承襲父親和哥哥的藝術天分,畫作曾參展兩次。她的碩士學位是主修觀光和地理學,加上身在旅遊業,有許多出國的機會。她原打算繼續去法國攻個觀光博士學位。

「但是在伊朗,你的下一步,不是單純的確認志向和做決定就可以(這對我們大部分的人已經是個不斷摸索的議題),還必須能承受隨時突如其來的改變,你的計畫也必須跟著修正,甚至另起爐灶。」蒂娜說。我知道她指的是動盪的局勢、政策的多變、國外的抵制、甚至是純粹的猜忌與誤解。

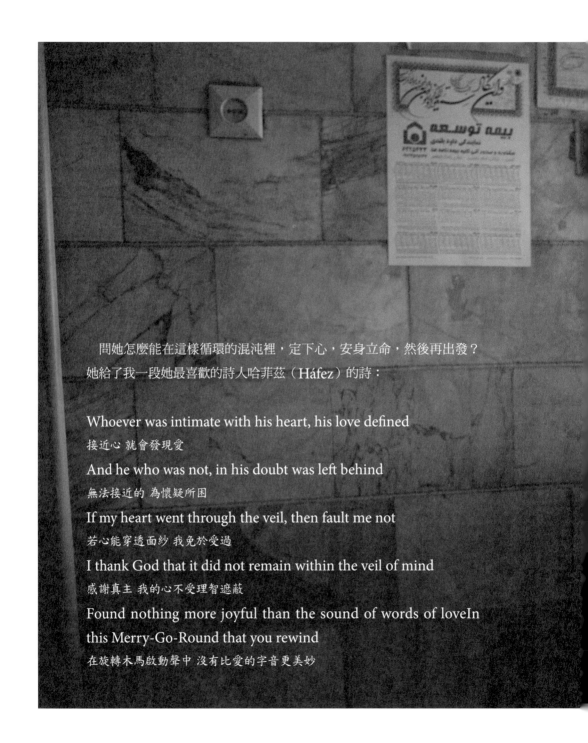

　　問她怎麼能在這樣循環的混沌裡，定下心，安身立命，然後再出發？
她給了我一段她最喜歡的詩人哈菲茲（Háfez）的詩：

Whoever was intimate with his heart, his love defined
接近心 就會發現愛

And he who was not, in his doubt was left behind
無法接近的 為懷疑所困

If my heart went through the veil, then fault me not
若心能穿透面紗 我免於受過

I thank God that it did not remain within the veil of mind
感謝真主 我的心不受理智遮蔽

Found nothing more joyful than the sound of words of loveIn
this Merry-Go-Round that you rewind
在旋轉木馬啟動聲中 沒有比愛的字音更美妙

／伍／ 伊朗 Iran

擁抱絲路

至情至性的伊朗人 The Hot-blooded Iranian

阿密爾（Amir）一開始是媒體車駕駛，這部車通常是全程跟拍跑者的。在土耳其的時候，媒體光是看跑者一天怎麼跑那麼長的距離，就覺得很新鮮，希望能捕捉痛苦、疲憊、掙扎的情景。

果然不久，就發生茱蒂離隊、義傑和陳軍相繼受傷、裝甲車戒護等，看到媒體匆匆上下車，車子忽前忽後的獵取跑著的鏡頭，媒體車忙得很有收穫。但是，心裡也開始擔心起來，真跑不下去，壯旅也就提前夭折了。

所幸，過了近一個月，到了伊朗初期，很多事變得按部就班了起來。警車只剩下一部，媒體車從一個純觀察者，慢慢也兼顧著跑者的安全。這個角色的微妙轉變，就從阿密爾駕駛的媒體車開始的。

三十八歲的阿密爾，出生於德黑蘭省東部，擁有工業管理的學業文憑，從事過過各式各樣的行業：農藝、養鳥、鐵路器具設計和修護、珠寶製造、批發乾燥水果等等。目前擁有牧場和服飾店，餘暇時接小型觀光團。可以想像的是，他的腦有極發達的商機掃描機制，在四處做旅遊生意時，他應沒閒著，不斷的了解、評估和掌握各種可以賺錢的機會。

不過，我們在伊朗的期間，他顯然收斂起他的商業天賦。開著綠色得利卡的阿密爾，大多默默的觀察路上的車況，小心翼翼的跟在跑者後面二三十公尺處。

5 月 21 日，才剛過大布里士（Tabriz）。他從後照鏡看到，一輛公車不知怎麼的就要斜斜的超過他的車，衝向路肩的跑者，他直覺的加速往前，開到跑者的左後方，以小車擋大車。

結果公車從他的左側擦撞出一公尺餘的凹痕和破碎的後照鏡後，竄逃而去。他告訴前方的警察去追肇事者後，又急急的跟著跑者。

　　傍晚，在足球場旁的營地，突然聽見他激動的對著電話咆哮，我以為他為車刮的事生氣，擔心他的情緒影響團隊，便聯絡蒂娜，請她安撫。

　　不料她說，他正跟她抱怨團隊高層沒有人向他致意！老天，這說的不就是我嗎？

　　當晚，在隔壁的泳池兼澡堂裡，裸裎相見正是盡釋前嫌的好機會。我跟他鄭重致歉，他調皮的回潑冷水，說起他多麼以參與這個活動為榮。

　　隔天開始，他右手扶著方向盤，左手拎著一條紅手巾，伸出車窗外，警示後方的來車，保護前方的跑者，直到邊境。

　　坦白說，在伊朗吃的並不好。除了嚮導阿將緊守每天每人八美元的預算外（包括三餐、飲料、烹調佐料），廚師的功力和衛生標準恐怕是最大的關鍵。臺灣的媒體朋友們不習慣，也不好抱怨。

　　阿密爾看在眼裡，經常帶他們去打牙祭，買水果，還堅持跟店家說不能收遠方客人的錢。小葉覺得很不好意思，後來和其他同伴約好，偷偷塞錢到他的行李袋。

　　其實，第一時間看到跑者車司機疑似吸食藥物的是他，然後面告嚮導阿將。換掉之後，他當然是繼任的不二人選。隔天，跑者中毒，他抱著他們進醫院。

擁抱絲路

小葉衝進醫院拍攝後，用生疏而原始的英文跟阿密爾說，很可惜，臺灣人看了這則新聞，會以為伊朗人是「bad guy」（壞人）。 聽到這兒，他流下了眼淚。

所有媒體進不了土庫曼，只得待在德黑蘭，等到團隊進烏茲別克後再會合。由於中天電視有臺灣外交部的人員安排住宿，阿密爾知道了，就直接把大陸旅遊衛視的韓飛和劉硯載回家裡。

到了德黑蘭，記者們才知道他的家只有兩間臥室，一間是夫婦的主臥，另一間是兩個小孩的。阿密爾讓小孩打地鋪，騰出來給客人睡。他們覺得很過意不去，隔天提出去旅館的想法，但遭到拒絕，最後，在記者們同意每天都來家裡用餐的前提下，他才同意放行。

八天後，阿密爾送媒體去德黑蘭機場，一個比臺北松山機場還小的機場，送行的人是進不了航空公司報到大廳的。等中天和旅遊衛視的團員完成劃位和寄掛行李手續，要進到海關檢查之際，回頭一望報到大廳的入口小門，又見兩行清淚的阿密爾，揮手道別。

至今，阿密爾還刻意不鈑烤凹陷的左側車身，作為懷念這趟旅程的記憶！

擁抱絲路

／伍／ 伊朗 Iran

擁抱絲路

土庫曼最令人印象最深刻的，
是政府的「影響力」如影隨形。
全員都拿到了入境邀請，媒體除外。
記者對著跑者們說：
「你們多保重，好好跑，我們烏茲別克見！」
49℃熱浪的極限考驗，
陳軍舊傷再度復發，
以及昏熱腹瀉的噩夢……
但印象最深刻卻是處處可見的政治肖像、
和充滿政治神化色彩的命名方式，
會讓人體會什麼叫作
「領袖永遠與我們同在」的詭異氣息！

陸.
Turkmenistan
土庫曼

擁抱絲路

又見簽證驚魂 Visa Nightmare

驚悚的伊朗中毒事件方歇，跑者恢復了健康的體能，但安德魯和我的心頭，仍有揮之不去的陰霾。距離東邊邊境不到七天，大部分的團員的土庫曼簽證卻沒有核發下來：包括所有中國大陸籍的隊員（含跑者在內）、臺灣後勤隊員和全部媒體。

好不容易過在去兩星期，拉長每天跑的時間，跑更長的距離，存回一點里程數，好彌補之前在土耳其受傷而中斷兩天多的行程，卻又因中毒事件，打回原形。

雖然近來急切的透過各種管道溝通，包括一路上協助我們得伊朗國家奧會；中國登山協會的李文茂和我們的副領隊康華，也同時聯繫中國外交部和駐土庫曼使館；但都沒有得到具體的回應。充其量只有：「土庫曼過去一兩年來沒有核發過大陸或臺灣的旅行團簽證！」的說法。

土庫曼的嚮導克利絲汀娜‧塔洛索瓦（Christina Tarasova）天天派人打聽。根據側面了解，土國對媒體甚為敏感，至今大多數團員簽證下不來，應該是個表態，看我們是否會自行調整團員名單。據說，媒體簽證只有總統能夠核發，但我們怎麼可能有這樣的管道，能夠上達天聽？

眼見行程有中斷的危機，迫在眉睫。

就在這個時候，我們發現土國奧會主席，就是總統本人！機不可失，我們得趕快發球，打破沉悶僵持的局面。

6月7日，我當天結束西安贊助企業的拜訪，返回臺北；請同仁再次透過臺灣國際奧會辦公室的執行秘書張仲秋先生，吳經國先生以國際奧會委員及國際拳擊協會主席的身分，致函土庫曼總統，請求給予最大的支持；同時，和安德魯討論過後，我們列了一個優先入境順序名單，請土國裁量，展現我們的誠意與彈性。這個名單依

擁抱絲路

序是：跑者群、康華、宏柏、若軒和隨行媒體。

信寄出之後，只有禱告和等待。

6月10日下午，離邊境不到三天，終於收到對方確切的答覆：全員都拿到了入境邀請函，媒體除外。

雖早有心理準備，但對五位媒體夥伴來說，如喪考妣。

在兩岸媒體史上，作長達五個月的境外拍攝，絕對是個創舉；對個人來說，不僅是考驗，更是榮耀；一旦中間少了一段，感覺像是像是撕裂的縫，怎麼也接不回來。還好，土庫曼也是全程距離最短的國家，只能請他們暫時待在伊朗，九天後，續接下一段漫長的行程。

最後一天，距離伊朗邊關的三公里處，跑者、團隊、媒體和司機，一行二十多人一起跑跑走走，直到海關。

中天的林有成對著跑者們說：「你們多保重，好好跑，我們烏茲別克見！」

挑戰極限 Push the Limits

　少了隨隊媒體，整個核心團隊的規模，縮小了三分之一。雖然如此，通關的時間卻很冗長。一開始，所有行李須一一卸下，送到一部小型 X 光機，逐件過帶檢查。未進關前，按規定不能說話，安德魯只能和隔著檢驗關，和另一頭的克莉絲汀娜比手畫腳。

　一個多小時過去，終於同意可以不過 X 光機，但簽證官審查九位團員護照的時間，又花了兩個小時。

　安德魯展現擅長的外交能力，掏出一盒巧克力表達善意，繳了比預期高的簽證費用，終於過關。

　這時，下午兩點半，離二十五多公里外、邊境檢查哨關門的時間只剩兩個半小時。義傑他們得不出差錯在五點前穿過。

　結果，一路跑了二十七公里多，順利出關！

　出了邊關，大夥兒進到飯店，想做的第一件事，就是去買二十七天沒碰過的啤酒。宏柏趁大家去房間放行李和梳洗之際，將其中一瓶啤酒倒出，灌入運動飲料，按上蓋子，作弄史蒂芬。

　不知情的史蒂芬喝下兩口，毫無反應，還是在旁人追問下，才有

一點困惑的擠出一句話：「這土庫曼啤酒有點說不出來的味道！」

　　大夥兒笑翻了。

　　二十幾天沒碰過酒，竟令愛爾蘭人不知其味。出門到旁邊的餐廳吃飯，還看見前方金髮飄逸、穿著短裙的窈窕女孩，安德魯俏皮的說：「我喜歡土庫曼！」

49℃的熱浪考驗

　　隔天，一出阿什哈巴德，就進入占土庫曼 70％國土、約十年才下一次雨的卡拉庫姆沙漠（Karakum Desert），是世界第七大沙漠。熱浪不是一波波襲來，是整個人籠罩在巨大的熱浪裡頭，呼吸都難以通暢。攝氏四十九度，跑者跑了近九個小時，結果「只」跑了六十七公里。這對他們的考驗很大。

　　根據義傑在撒哈拉的經驗，他提出更改跑步時間的想法，過去以來是早上五點到十點，中間休息一小時，接著從十一點跑到下午三點。他建議更改為凌晨三點半到七點半跑第一回合，日正當中的九個小時，休息睡覺，以避開過熱的天氣。下午四點半九點半跑第二回合。

　　這一改，非同小可。一天三餐變為四餐。

　　廚師得兩點半起床，三點供應「凌晨餐」；然後六點半開始準備早餐，等跑者完成第一回合回來吃；下午三點半，準備午餐，給起床的跑者吃；晚上九點再備晚餐。

　　此想法一出，得先和當地後勤團隊達成共識，因為這可不是原來合約的時間表。

　　新的作息確實苦煞人，所幸當地團隊任勞任怨的配合，縱使艱辛也幾乎聽不到抱怨。

　　或許是任務不像之前動輒四個星期的長度，撐一下就過去；或許

擁抱絲路

因為民族性的不同，中亞人較具有服務的精神。尤其是年輕的跑者補給車司機阿斯朗（Aslang），極其敬業。縱使休息的時間零碎，晚上還主動幫忙打理炊事用具；因為不想凌晨起來，浪費時間收拾營帳，也怕睡過頭，後來索性在車頂睡覺，跑者隨到隨開；除了碰到警察時會不情願的把菸熄掉之外（土庫曼禁止開車抽菸），臉上永遠掛著溫和的笑容，未見過他的一絲不耐。

所有人的生理時鐘全亂了套，除了跟跑者的隊員之外，其他後勤人員，仍需在一般作息時間，進行探勘、採買、聯繫下一個國家的前期作業。

結果，白天裡，都有人昏昏欲睡，意識不清；晚上也有人因凌晨餐的準備，無法成眠。

又停了下來

第二天下午出發，陳軍跟平常一樣帶了鼓著一大包的袋子。安德魯揮手擋下他，問為什麼凌晨，晚了一會兒才出現？

他說：「忘了調鬧鐘的時差（土庫曼晚伊朗一個半小時）。」

再問他，那一大包裡面裝了什麼？

陳軍打開他的「隨身包」，裡面有好幾本書、筆記本、手機、頭燈、還有一堆看不清也不想碰的東西。

安德魯拿起其中一本說：「你為什麼需要這本書？」

「是要在車上看的。」

「你難得有機會跟資深跑者一起，為什麼不乘這個機會多跟他們交流？問他們問題，跟他們分享。為什麼連出發時間這麼重要的事都會忘記？為什麼要帶這麼多雜七雜八的東西，分散你的注意力？我希望你回去的那一天，能學到的是如何專注在一件事情上。」

當天，陳軍邊跑邊哭。

晚上，陳軍腳上又多了幾個水泡，安德魯問他有沒有照史蒂芬教他的方法來預防？有沒有問義傑和白斌要如何處理？答案都是：「沒有。」

安德魯想瞭解陳軍心中的恐懼，為什麼疏離，為什麼獨處。他疼惜他曾受的委屈，也恨鐵不成鋼。其實，陳軍已經撐了快兩個月。他的體格健壯，精力充沛，但跑步姿勢先天不良。過去雖曾參加很多場馬拉松，但距離和天數遠遠無法和絲路相提並論，從沒發生過問題。現在長時間跑下來，容易累，常誘發受傷疼痛，好幾次在五公里的片段休息時，拜託我跟義傑說，可不可以跑慢一點；他個性還不夠成熟穩重，個人的打理紀律也待加強。

如果是一般城市裡的二十七歲年輕人，他的個性不會出什麼問題。偶爾抓不住分寸，只會被當成有童心；靈活的眼神、稚氣的表情、愛開玩笑的習性，根本就是個閒來無事的好玩伴。可是，這是長征！如果沒有實力配合，這些特質會變味，甚至會令人不舒服。我們想盡辦法讓他能跟上，但這需要他更堅強的意志力和成熟的個性，來處理挫折和傷痛；更謙虛謹慎的態度，學習跑得更好。

事與願違。在土庫曼的第四天，陳軍只跑了二十八公里就停了下來。此後，他幾乎沒再完成過一天完整的長跑。

天生的跑著，白斌

6 月 23 日早上，約好凌晨三點半大廳集合，準備過邊境。

過去幾天，大夥兒昏昏沉沉的，無論是探勘、跟著跑者、紮營、拔營、採購、吃飯都像走不出一個超級大烤爐，悶在裡頭出不來。

這不比悶在三溫暖烤箱中十五、二十分鐘後，忍到臨界點，澆盆冷水，通體舒暢，痛快的享受反差的極致。我不禁回想起，1989年，因為來不及申請港簽，經由香港到大陸，我只得搭嘉義布袋港

／陸／ 土庫曼 Turkmenistan

擁抱絲路

與澳門間的「華澳輪」，再轉往廣州，參加當時中國最大的商展「廣交會」。回程半路上，掃到了颱風尾，關在船艙裡晃三十六個小時。一開始還頗有精神的到吧檯喝啤酒，把自己弄得微醺，好睡一點，也容易捱時間。晃啊晃著，睡不了三個小時就醒，到後來，愈來愈沒力氣走出去。我總是做著暈船的夢，然後希望醒來的那一刻會停止暈眩。結果卻是夢境與現實相連，渾渾噩噩，沒完沒了。

我想當時團隊的精神狀態大約是如此。以至於大家或多或少都有的腹瀉，或者即將進到烏茲別克，似乎也提不起勁兒抱怨和期待。連從未因個人狀況影響團隊的白斌，竟然遲了幾分鐘才出現。

白斌來自貴陽，極度熱愛跑步的他，不懂宣傳自己，也不明白造勢的邏輯和生態，單純的想要利用自己的天分和努力，成為全世界最能跑的人。

為了幫自己下定決心，2000 年他自己一個人，花 50 天，從貴陽跑到海拔 3650 公尺的西藏拉薩，開啟他超級馬拉松的賽事生涯。這其實是非常驚人的成就，但很可惜沒有引起太大的注意。除了一個小生意外，他的所得全靠比賽獎金。

極限馬拉松的獎金和贊助規模，不比職業籃球、棒球、高爾夫球、甚至比不上標準的國際馬拉松賽事（長度僅 42.195 公里），連知名度都極其有限。

儘管如此，他從不間斷的在大陸參加各項比賽。當聽聞絲路長跑的機會，他知道十年磨一劍，一展身手的歷史時機到了。

從伊斯坦堡見到他起，很難不一眼就看出他對跑步的態度。跑步，對他來說，與其說是興趣，倒不如說，是他的魂魄。白斌雖然年逾四十，卻掛著單純無瑕的眼神。不多言，也不善辭令，鏡頭前，別期待他能滔滔分享跑步的理念或衍生的人生哲學；甚至，他也沒有接受過正統的運動營養學、傷害預防知識和專業的長跑訓練。

從第一天上路，他就謹慎的看待一百五十天高耐力的挑戰。很明顯的，他身體移動得很自在，跑姿卻很穩健講究；他覺得應該可以一邊跑步，一邊鍛鍊身體，為日後淬煉出更強的體力，於是趁每五公裡的短暫補充飲食之際，他直接跑到補給車前，趴下做伏地挺身，每天累計一千下。物療師總覺得這太消耗體能，但是看他做得如此輕鬆，也無話可說。

一直到了伊朗，他透過我和第二任醫生皮考克（Andrew Peacock）說，胸口內部的肌肉感到疼痛，已經兩三天了。皮考克詢問了幾個症候後，輕描淡寫的說：「你停止做伏地挺身就會好！」然後遞給他幾顆止痛藥。

已經做了近三萬下伏地挺身的他，打從心底不相信這個診斷，「怎麼可能練身體練到受傷！」他覺得吃止痛藥是「治標不治本」，反而隱藏了真實的病因，於是只服了一顆就擅自停了。

第三天，疼痛再起，又找醫生探病根。這回醫生苦口婆心但語氣堅定要求他服藥，除了跑步外，必須好好休息。五天後，逐漸痊癒，白斌也從此不再做伏地挺身。

跑到開心的時候，他喜歡一邊高歌，敞開嘹亮的嗓音，釋放全然的自己。每天跑完七十公里，回到營地，他不是像我們想像的，累攤在帳棚或房間，而是像工作了一天，下班後去散散步，騎騎車，逛逛街。甚至幫忙整理營地，一起出去採買。

他唯一抱怨的是吃！他的胃，無法開心的接納異鄉的食物，不但挑剔，食量也大，所以有機會也常外出打牙祭。我若從臺灣或大陸到絲路，帶了雞爪、辣椒醬、豆腐乳與團隊會合，他會笑的眼睛瞇成一條線！

在伊朗的一個下午，我和他長談。他說從沒想過長跑是一件這樣專業、需要這麼多人貢獻投入的活動，他覺得很慶幸，希望未來能參加更多的國際超級馬拉松比賽。

／陸／ 土庫曼 Turkmenistan

擁抱絲路

昏熱腹瀉的噩夢

　　回到 6 月 23 日，白斌帶著病容慢慢走下樓，凌晨兩點才吐過，出來前胃又開始不舒服，都要過邊境了，再差一步就只剩三個國家了，他不想停，不想延，執意動身。

到了起跑點，他還是一口食物都吃不了，抱著胃撐了十多公里，義傑和白斌兩人一起衝向沙丘後面拉肚子。

到了十五公里處，白斌雖然痛苦不堪，還是想繼續，一直到義傑說：「回去休息。我決定了，明天再繼續！」他認定白斌是令人尊敬的跑者與隊友。

　　隔天早上起床，換成義傑面有菜色，醫生皮考克也狂瀉不止。

團隊三點半在大廳集合出發。四點半，在離邊境還有二十五公里，阿姆河上的鐵橋檢查站把團隊擋了下來。原來資訊有誤差，沒有例外，團隊必須像一般過境旅客一樣六點才可以通行。於是折回飯店休息，五點四十五分再出發。

　　這次順利跑過鐵橋。二十五公里的邊境道路，充滿了土國「黃金世代」美好願景看板，像是慰留離去的人。團隊則是希望抵達下一站，像是船舶靠岸，結束昏熱腹瀉的夢境。

驚奇土庫曼 Illusory Turkmenistan

　穿越邊境二十七公里，過了檢查哨，就進入首都阿什哈巴德。

　這個城市處處聳立白色大理石的建築物，有的像皇宮、有的像博物館、更多的是羅馬式風格大樓，以完美的棟距，擺在有如電腦繪製的棋盤之上。所有的道路都是筆直的六線道，一格格方塊綠地上挺著行道樹，像極了一個超現實、虛幻城市的模型道具，只不過，它是以真實尺寸矗立在沙漠之中。

　市中心處處可見純金打造的前總統薩帕爾穆拉特 · 阿塔耶維奇 · 尼亞佐夫（Saparmyrat Ataýewiç Nyýazow）雕像，還有獨立後新任的土庫曼英雄 Alp Arslang 人像。

　一本巨大的書，豎立在廣場中央、噴水池圍繞的圓形舞臺上，是

／陸／ 土庫曼 Turkmenistan

222

① 參考資料來源：根據
自由歐洲電台（Radio
Free Europee/Radio
Liberty）官網2011年12
月3日〈Turkmenistan
Restricts Presidential
Prerogatives〉報導文章。

被稱為土庫曼語錄的「靈魂之書」（Ruhnama）。這本由尼亞佐夫掛名執筆的書，內容記載土庫曼的歷史、民族特色、心靈指引和他的自傳。在土庫曼，這本書是考駕照，上大學和公職必考的科目。

政治性神化式命名

1991 年，土庫曼從瓦解的蘇聯獨立出來，第一任總統就是原土庫曼中央的第一書記尼亞佐夫。他連任屆滿的第八年，也就是1999 年，通過修憲，宣布總統為終身職。2002 年，他仿效羅馬大帝奧古斯都，重新命名月分，譬如：一月改為「土庫曼人領袖」（Türkmenbaşy），也就是他的頭銜；二月改為「國旗」（Baýdak），彰顯他的出生月分；四月「戈斑索丹（Gurbansoltan）」，是他母親的名字，等等。

2006 年，他因心臟病逝世。繼任總統古爾班古雷・別爾德穆罕默多夫（Gurbanguly Berdimuhamedov），採行較開放的政策，恢復原來月分的名稱，也明訂不再以元首名稱命名建築物和城市 ❶。

土庫曼政府在尼亞佐夫當權時代，就耗費鉅資建設如完美模型的首都，新任總統延續相同的政策，計畫在 2014 年完成沙漠中的冬

季奧林匹克村。雖然他們還沒有申請到舉辦奧運的資格。到處都可
看到巨大綠色鑲金招牌上，呈現人民簇擁兩任總統的圖像和激勵人
心的箴言，宣告土庫曼黃金世代的來臨。

在土庫曼最令人印象最深刻的，是政府的「影響力」如影隨形。
其實，單單就隨行媒體全被拒於國境門外的事，我們就有心理準備，
知道應該謹慎收斂；也因為媒體缺席，若軒大部分時間都在記錄跑
者，不任意脫隊拍照。但一些後勤隊員，還發生過在公開場合拿出
相機，還沒照像就已被阻止的情事。

勇敢、果決、很有組織能力的嚮導克莉絲汀娜是荷蘭籍，幾年前
她在土庫曼旅遊時愛上了她現在的先生，決定留在這裡。身為一個
歐洲人，必然有很多反差的感受和深刻的觀察。她提到曾經在網路
上發表過文章，進而發生了不願意提起的往事，極擔心自己被驅逐
出境，我們也就不好多問。

也許正因為這些不快的經驗，一有人拿出相機，就觸動了她的敏
感神經。

極度敏感的政治神經

6 月 15 日，紮營在一個整修中的小學裡。禮堂中央有巨大的總
統像，懸掛在前方的總統相片發射出綠色的彩帶一路連到天花板，
四周則有素人畫風的土庫曼偉人肖像，總統照片下方的發言桌前，
粘著厚重的塑膠花圈，襯托講者的恢弘氣勢。走進禮堂，會讓人體
會什麼叫作「領袖永遠與我們同在」的詭異氣息！

若軒自然拿起相機，克莉絲汀娜隨即說：「妳照的這些都會帶給
學校極大的麻煩，妳知道嗎？政府不容許對土庫曼有負面觀感的
影像出現。」

／陸／ 土庫曼 Turkmenistan

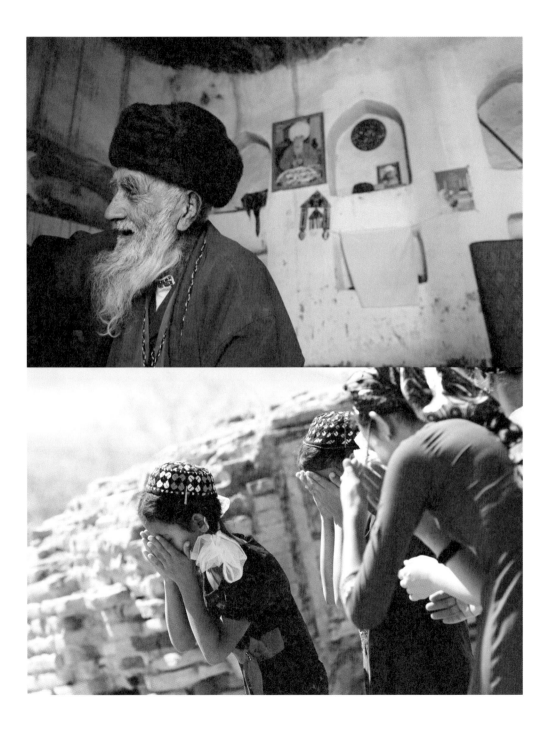

擁抱絲路

「負面觀感？我不懂，學校在重新整修不是一件好事嗎？」若軒回道。

「你平心而論，這裡看起來難道不寒酸零亂？」

隔天，住在司機田真（Tejen）的親戚家裡，克莉絲汀娜說，要是這些不夠光鮮亮麗的百姓家居照片被公布了，政府可能會找到這個人家，質問他們為什麼讓外國人進來，給這些善良慷慨的人帶來麻煩！

安德魯和我直接間接聽過她好幾次類似的抱怨。我知道克莉絲汀娜的堅持，絕非是偏執的意識形態作祟，或單純的杯弓蛇影；而是過去的烙痕太深，刻骨銘心的反應。

流金歲月之城，莫夫

6 月 19 日，路過馬雷。這裡有個鼎鼎大名的絲路古城莫夫（Merv，古稱木鹿），是最古老且保存最完好的中亞絲路綠洲城市。莫夫的過去，就是一部土庫曼歷史。

這裡是土庫曼境內最早有人定居的地方之一，伊朗遊牧民族在西元前兩千多年就來到這裡。西元前四世紀，希臘亞歷山大大帝在這裡建立重要的據點，往東進攻中亞和印度。他建立的古城，還曾命名為亞歷山大城（Alexandria），至今仍留下遺跡。

在西元二世紀前後，也就是張騫開通絲路的東段路線後的三百多年，位於繁忙商道上的莫夫，東線延伸到中國，南接阿富汗大城赫拉特（Herat），西通伊朗大不里士，也是諸多王朝用來控制附近領土的樞紐。

八世紀的阿拉伯人和十一世紀的塞爾柱突厥人都曾以此地為王國的政治中心，和布哈拉、薩馬爾罕以及巴格達共享文化之都的美譽，她的金碧輝煌啟發了一千零一夜的古老傳說。塞爾柱桑賈

（Sanjar）汗在此大興建設，讓她的繁華直逼巴格達，成為伊斯蘭
世界第二大城。可惜，到了十三世紀，成吉思汗的四子托雷屠殺全
城之後，莫夫再也沒有恢復往日風采。而土庫曼從此回到鬆散的遊
牧部落型態，直到蘇聯入侵為止。

在莫夫最早的城市，亞歷山大大帝建造的「牆城」（Walled
City）外，有個如峭壁的柵欄城堡──吉茲卡拉堡（Kyz Kala，意
為女孩的城堡）。牆面歷經千年風蝕，仍屹立不搖。

現場有一大群青少年男女，有的如情侶般躲在角落輕聲細語，有
的男孩子如發情的動物一般攀上窗臺展現雄風，其他的孩子們拿著
打火機在地下室探險捉迷藏尋寶，盡興的揮灑青春的光陰。

莫夫不再是為了遊客而存在的古蹟，也是當地青少年的嬉戲樂園。
就像她依著河流的改道而不斷緩緩西遷，一座挨著一座，花開花落
的五座城市一樣，她是流金歲月的最佳見證。

沙漠運河，卡拉庫姆運河

6月20日，團隊進駐的學校，就在總長 1375 公里的卡拉庫姆
運河（Karakum Canal，或稱 Quraqum Canal）旁。

在土庫曼納入蘇聯領土後，莫斯科亟思改變遊牧民族的生活型態，
藉由推行集體農場的制度，提升經濟貢獻，也便於管理統治。在
這樣的思維下，1950 年代，開始挖掘這條運河，藉由導引阿姆河
（Amu-Darya river）的河水，橫穿者個卡拉庫姆沙漠，於 1988
年落成，成為世界最長的灌溉運河之一。

運河沿岸闢起一片片的棉花田，讓成百萬土庫曼牧民結束游牧生
活，也提供首都阿什哈巴德的主要用水來源。卡拉庫姆運河銜接裏
海和鹹海，可以航行和補魚。

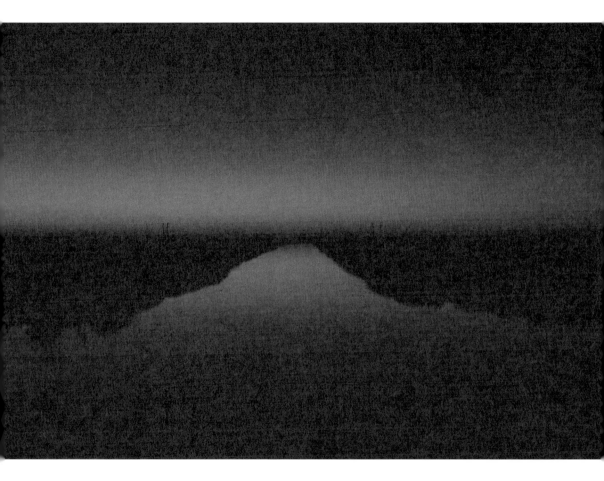

／陸／ 土庫曼 Turkmenistan

② 參考資料來源：《科學人》2008年第75期5月號Philip Micklin and Nikolay V. Aladin研究報告〈找回消失的鹹海〉。

③ 參考資料來源：Siegmar-W. Breckle 的學術研究《Aralkum - a Man-Made Desert: The Desiccated Floor of the Aral Sea (Central Asia)》。

眼前的運河上停著一艘漁船，船長是個俄羅斯人，兩個年輕的漁工是從哈薩克來的，破舊的船艙上標示著年分——1987。

卡拉庫姆運河為土庫曼帶來相當高的經濟利益，不過由於施工方法的粗糙，河水大量溢出，沿岸不但衍生許多小湖泊，更使附近地下水上升。深層的地下水多含有鹽分，地下水若上升到乾旱的土地，鹽分會浸侵到地表土壤。因為沒有自然降水來稀釋鹽分，久了就會形成鹽鹼地，妨害作物的生長，最終折損了土地的長期利用。更嚴重的是，它造成運河的分流，使得流入鹹海的水，大量減少。

2007 年，曾經是世界上第四大湖泊的鹹海，蓄水量僅達 1960 年代的十分之一 ❷。鹹海乾枯後，分裂成三個殘餘的湖泊，其中兩個湖因為太鹹（含鹽量達海水的三倍之多），魚類已經消失。大面積的海床露出並乾涸，南部乾涸的程度甚至衍生成一個新的沙漠——鹹海沙漠（Aralkum）❸，成為沙塵暴的源頭，把有害人體的化學農藥和殺蟲劑吹往人群聚居的地區，造成嚴重的健康問題。同時，更因為沙漠化，造成冬天更冷，夏天更熱的氣候改變。

在兩天前村子裡，每一戶都可以從門口人行道上的水龍頭接水，而且，在土庫曼瓦斯水電都是免費的，因此大家絲毫不擔心門前的水被別家使用。這和政府浩大的的工程，致使地貌和環境變遷如此之劇烈，形成諷刺的對比，著實令人扼腕！

萍水相逢的土庫曼女人
Met Turkmen Women

　　一路以來，我們碰到不少當地善心人士的熱情協助，而生活在保守的土庫曼女人，以主人之姿忙進忙出照顧周到的招待我們，雖僅止是萍水相逢，她們的韌性、堅忍和適應環境的能力，不得不教人佩服。

一家之主，潔芮克

　　田真的親戚家，是圍著一大塊地的四合院，
庭院中間種滿了苜蓿芽和餵羊的草，右側圈著
羊群，底端是雞舍，旁邊是浴室廁所，柴火燃
燒著浴室鍋爐的熱水，大夥兒就沉浸在煙霧彌

漫，享受著沙漠桑拿浴的奇幻經驗。

左側是整個三合院中唯一有冷氣的房間，是客房，也是團隊住的地方，真是天大的福氣。他們把客人，看得比自己還重要。

庭院中間擺了一個近四公尺長兩公尺寬的大躺臺。在抵擋酷熱的樹蔭下，是親朋好友納涼聊天的休憩站，上面放個矮桌就可以用餐。不時有人來串門子，派對隨時可以開始。

男主人薩帕爾（Sapar），叼著香菸，拿出手風琴，忘情的閉眼彈奏知名的蘇俄民謠《卡秋莎》（Katytusha）。這首歌講的是在二次世界大戰時，一個名為「卡秋莎」的女孩思念在邊防軍服役的男孩，期待他歸來的抒情歌曲。

土庫曼在 1924 年加入蘇聯，1991 年獨立，但在很多老一輩的人心中，蘇維埃政權卻依然是他們嚮往的年代，他們述說著那個不用為柴米油鹽煩惱的時光。

幽默風趣的男主人就是這樣的典型。他似乎無事一身輕，但在家裡也沒有話語權。

① 馬奎斯（Gabriel José de la Concordia García Márquez，1927 -）是二十世紀最偉大的文學家之一，小說以魔幻寫實的風格見長。他於1982年獲諾貝爾文學獎。

女主人潔芮克（Gerek），端著久曬的鵝蛋臉，挺著瘦尖的鼻子和緊抿的薄唇，踩者急行軍但不慌亂的步伐，忙進忙出的為客人提水燒水、打掃洗滌、照顧孫子、倒飼料養雞群、割草餵羊隻。像極了馬奎斯 ❶《百年孤寂》裡的女主人、貫穿家族六代的易家蘭。她做的，從來就不是有標誌著理想和願景的「大事業」，而是透過不斷的勞動，編織一個安定的溫室，以傳宗接代，以供家人修養生息再出發。於是，家族的興衰全繫於她的精神意志和健康狀況。

　　潔芮克就是這樣的角色，她是這個家中的支柱和真正的戶長，難怪先生會想念大家有飯吃，不用靠自己的社會主義時光。

溫柔堅強的沙漠玫瑰，蘿憶洛

　　柯意克咖啡館（Kafe Keyik），是一個公路司機休息的驛站，方圓幾十公里內唯一的建築物。裡頭放了幾張大躺臺，司機們在上面吃飯休息。

　　外面貨櫃改裝的車輛維修店已關閉多年，只剩木製窗框被風吹得嘎嘎作響。爆了胎的司機只好自己更換，他在沙地上推著輪胎留下一道痕跡，前腳剛踩出一步，痕跡已經在後腳消失；因為，沙塵暴來了！

　　驛站旁邊就是紮營點。

　　一陣強風把炊事帳給搞毀，帳棚桿也斷了。

　　善於絕處求生的宏柏，判定了日照和風向，用卡車當遮蔽的倚靠，把一塊塑膠布四端繫上繩子，一邊綁在卡車上方的鐵勾，另一邊綁在九人座得利卡兩端的後照鏡桿。

　　近五十度的高溫，整個腦子都要融化，整個團隊昏昏沉沉，沒力說話；跑者的辛苦更無法想像。所幸驛站有一個具備有空調功能的圓頂帳篷，可以讓跑者休息。

　　三天沒洗澡的若軒，紅疹已經長滿了全身，急著找水，洗她的披肩長髮，擦拭身體。

　　走進廚房裡，幾個婦女正在準備羊肉。其中一位，清出一個裝肉的桶子，要她走防火梯到下面的管線室洗澡。一進管線室，看見水龍頭的下方有虎視眈眈母狗圍住瑟縮的四隻小狗，地上有排泄物。她沮喪的退回廚房，不顧一切清理水槽，準備洗頭。她頭髮太長，得一手洗頭、一手抓住髮尾，才不會碰到生肉。

　　這時，蘿憶洛（Loylo）出現了。她一手接起她的頭髮，帶她到

／陸／ 土庫曼 Turkmenistan

擁抱絲路

防火梯，接水沖頭，幫她擦乾後盤起頭髮。

後來，回到廚房，大家各忙各的，突然有個男的，糾纏著若軒。蘿憶洛出面斥責，大聲與對方爭辯，還氣得流下淚來，牽著若軒的手走出驛站。

頂著混著金黃和淺棕頭髮、笑起來雙頰豐盈、眼神深邃的蘿憶洛，二十歲出頭就離鄉背井，先在德國工作四年，之後在土耳其幫傭，也待了四年，因為年老的父親生重病，前年回國照顧。只是沒想到，這一回就是兩年多。

現在一個月領七十美元的薪水，養一家七口。她一直提到土耳其，說她有一天一定要回伊斯坦堡。她三十歲，還沒結婚，這在一般二十歲就是適婚年齡女性的土庫曼，是罕見而尷尬的。「所以我一定要回土耳其！」她說。

溫柔美麗的臉龐中，堅毅的眼神映照寂寥的大地，蘿憶洛彷彿是沙漠中的玫瑰，教人心疼，忍不住想她早日棲身翠綠的花園。

從現代走向傳統，潔倫

有一天，住進跑者車司機阿斯朗（Aslang）的父母家，哥哥嫂嫂也住在一起。埃斯朗的父親和哥哥都是工程師，母親是家庭主婦，嫂嫂潔倫（Jeren）二十七歲，是英文老師，有個六歲的女兒和三歲的兒子。

天氣酷熱，新面孔客人穿梭裡外，他們興奮的光著上身在房子裡跑來跑去。

「Jeren」在土庫曼文的意思是鹿，潔倫語帶惋惜的說，中國十二生肖年分裡沒有這個動物。聊著聊著，看到他們家牆壁上掛著中國年的織布裝飾，也很訝異她對中國文化的瞭解。

從外觀看起來相當稱頭的土庫曼式的豪宅，內部相當簡樸；整個家除了鋪滿了地毯，沒有什麼家具；生活作息都在地上，像是把遊

牧帳的生活氛圍，搬進了房宅。

② 參考資料來源：Sami Zubaida & Richard Tapper等人合著《A Taste of Thyme：Culinary Cultures of the Middle East》一書之〈The Meyhane or McDonald's？Changes in eating habits and the evolution of fast food in Istanbul〉。

　　潔倫一一解釋地毯的織紋圖騰材質，代表了不同的城市和部落，述說著家庭的背景和歷史。以土庫曼國旗來說，綠色國旗上的五個圖騰，是最常見的地毯織紋，代表了土庫曼的五個重要的部落。圖騰下面的橄欖枝，是尼亞佐夫後來加上去的，是代表中立國的意思，結果國家和外界沒什麼溝通往來。

　　中午過後，潔倫開始準備土庫曼當地食物 Manty（羊肉蒸餃），這是自十四世紀以來，流行於中西亞突厥民族的食物。在他們出外放牧時，會備好冷凍或乾燥的生餃，只要升起營火，就可以烹煮下胃的速食 ❷。

　　潔倫與婆婆花了一整個下午準備，從在完全不知道我們會付錢的情況下，他們供住又供餐，讓我們分外感到窩心。

　　潔倫的娘家，都是受過高等教育的知識分子。四年前過世的父親曾是警察，母親是教育局官員，弟弟在倫敦留學。如此高調的背景，我無法想像她如何適應夫家媳婦的規矩。

　　她說，依照土庫曼傳統，是不能與公公交談的，所以他們幾乎沒有聊過天。情非得已，一定要溝通也不能雙眼對視，剛開始她總是忘記這個成規，七年下來倒也習慣了。

／陸／ 土庫曼 Turkmenistan

↘ 新娘

　　大部分的女孩們在十九、二十歲就決定終身大事。訂下大喜之日後，會花上幾個月精挑細選自己喜歡的禮服。一般新娘禮服分成三層，先穿一層鑲著金屬壓花片的白色洋裝，一層有著精細手工刺繡棉布罩衫，不但鑲了整片壓花片，還掛著叮叮噹噹的綴飾，最外面一層從頭蓋到腳的長頭罩，全副武裝加起來少說也有個五公斤。

　　新娘子可是要好好慎選禮服的，因為依照傳統結婚後一個月她都必須要穿著同一件衣服，雖然厚重炎熱，她們都覺得是一件很令人驕傲的事情。

↘ 沙漠中的花瓣

　　碎花洋裝包裹著身軀，小小的低岔劃開鎖骨，穿著媽媽織的短襪，依稀看得到一小節腳踝，貝齒閃爍著花樣年華。擦肩而過，聽見她的金項鍊在背後叮咚作響，不需要回頭，都知道她踩著愉悅的步伐離去。她們是沙漠中飄逸的小碎花瓣，飛揚著粉桃、檸檬綠、鵝黃的亮麗音符。沒有了她們，土庫曼的顏色只剩下黃風沙。

擁抱絲路

／陸／ 土庫曼 Turkmenistan

／陸／ 土庫曼 Turkmenistan

烏茲別克沿途的景觀由黃石土坡，
漸轉為綠色草原果樹。
離家逾七十天，是太久了。
大家放下手邊的工作，家人
和跟了自己許多年的生活習慣，
來到絲路，
每一個人的參與都很重要，
這是沒有人可以獨立完成的極限挑戰！
經歷了異國風土人情，
摸索過探險歷程的生活方式，
確立起角色與分工的架構，
所有的景物從身邊擦肩而過，
不再感到新奇⋯⋯

柒.
Uzbekistan
烏茲別克

走出渾沌 Walking Out of Chaos

團隊在土庫曼僅約十天的光景，到烏茲別克也三、四天了，沿途的景觀由黃石土坡，漸轉為綠色草原果樹，天氣雖熱，不再溽暑難擋，但是我剛抵達位於布哈拉（Bukhara）東邊的營地時，整個團隊，除了安德魯、若軒和跑者之外，其他人幾乎多呈現反應遲鈍、表情呆滯的恍神狀態。

無法進入土庫曼的媒體夥伴們，理應很開心離開久久滯留的德黑蘭，終於可以在烏茲別克和團隊欣喜重逢。但是，連一向機靈冷眼觀察，擅於抽絲剝繭，找出新聞爆點的傅家興，都沉默無言，像個撐起軀殼的無魂之人。

離家好久，好遠又好近……

離家逾七十天，是太久了。

來到絲路，大家放下手邊的工作、家人和跟了自己許多年的生活習慣，決非全是為了跑者或是我。當然，這些都很重要，沒有人可以獨立完成這種極限挑戰。

每個人都有自己的靈魂，兀自的在一個角落待著。平時受工作、家人或周邊發生的事所牽絆，不見得有機會與之對話，但是潛意識裡已悄然嫁接你未查覺的意圖。一段時間過後，因為一部電影、一本書、一場演講、一段與朋友的對談，甚至是子女的一句無心之言等等，那未經仔細擘畫的嶄新藍圖，在你還來不及檢視時，從焉而生。這好比一陣寒流冷雨過後，初到陽臺，瞥見盆栽的土平線下降，雜草蔓生，菌菇處處。於是你下定決心動手翻土、修剪、施肥、甚至給了自己添購苗種的理由。

／柒／ 烏茲別克 Uzbekistan

擁抱絲路

很多隊員，包括辦公室同仁，或多或少是在這樣的情形下加入絲路的壯旅。終於來到路上。經歷了異國風土人情，摸索過探險歷程的生活方式，確立起角色與分工的架構，所有的景物從身邊擦肩而過，不再感到新奇，再加上自土庫曼起的作息大顛覆，終日渾渾噩噩，連拉肚子到虛脫，也懶得抱怨。

我想起了西班牙畫家達利（Savaldor Dali，西元 1904 — 1989 年）的畫作「記憶的永恆」中，出現掛在枯樹上，和癱在桌上的扭曲時鐘。你得像跑者們一樣，逼自己站起來。理出頭緒，想想自己要做什麼，再走出去。持續的對話和行動是我們存在的節奏。

此時，發生了一件事，讓大家重返記憶的傷口。

時間回到三天前，就在團隊進入烏茲別克的隔天，我結束了過去一星期在北京的募款會議和烏魯木齊天山附近的官方說明會，身體極為疲憊。

對於自己可以從蒙古包的正午催酒、敬酒和回酒的循環儀式中全身而退，感到倖存的滄桑，心裡也很埋怨我的夥伴們何其忍心讓我一而再、再而三、不知伊於胡底的隻身赴大陸開會。一開始是說明理念；再則是多認識各方、爭取募款的機會；到了後面，像這回第二十六次來大陸，多是說明如何在經費短缺的情形下，爭取各省市的支持，組成在地後勤支援和團隊通行事宜。

這天，6 月 25 日下午四點，我回到烏魯木齊市區，準備要搭四個小時的車去戈壁灘看茱蒂。

沒錯！就是在起跑的第二天，含淚退出的茱蒂布倫蒙爾（Jodi Bloomer）。

重逢茱蒂，從失敗裡站起來的勇者

轉眼之間，她已離開團隊兩個多月。在土耳其起跑的第二天，跑

完十公里，茱蒂決定退出，我和安德魯便討論該建議她去哪裡散心。

　　她當然不該回臺灣，以免觸景生情。來臺灣三個多月的集訓，讓她衷心喜歡這塊小而充滿驚喜的土地。她和義傑練跑期間，去過令人懷念不已的陽明山、梨山、南投和墾丁；這段日子裡，因為參與臺灣起跑和私人聚會，也結識了一些本地的朋友，感受溫馨的人情味；她甜美的外型，更博得許多媒體的關心和注目。此時若回到臺灣，憶及過去的訓練與期待化為烏有，恐更添傷感。

　　我也不太贊成她直接返回加拿大。還記得 4 月 21 日當天早上，茱蒂決定退出後，我和他遠在加拿大的父親通上電話，他情緒激動，氣憤難抑。她若與悲憤不已的父親見面，恐怕更會陷入哀傷自憐的世界裡。

　　問她有沒有其他的好朋友可以暫時投靠？她說有，在英國。沒想到，在英國一待就是一個多月，她們結伴一起練跑。

　　後來，安德魯從女友珊曼莎處得知，茱蒂已報名六月下旬，參加在中國大陸戈壁舉辦的兩百五十公里超級馬拉松國際賽。

　　一聽到這個消息，我立刻和茱蒂聯絡，表達願意贊助她全程的機票和報名費用，而且不期望任何義務或回報。

　　她一開始有點猶豫，但很快就欣然接受，並定期寄給我們她的訓練計畫。行前她告訴我，參加這個比賽的選手，可以在袖子縫上出生地和居住地的國旗，除了加拿大楓葉旗，她想縫上青天白日滿地紅的中華民國國旗。這個提議讓我覺得很窩心，但是她與主辦單位徵詢後，因戈壁賽主辦地點在大陸，只能有奧會旗幟，因此作罷。但我還是準備了「探索.家」的臂章、針線包和 T 恤衫帶去給她。

　　夏日下午八點半的新疆戈壁，天色轉灰未黑。我走下四輪傳動的休旅車，穿過來自世界各國近兩百名選手的營地，她看到了我，大

／柒／烏茲別克 Uzbekistan

聲呼喊：「Richard！」飛奔衝了過來。

　　緊緊的擁抱，久久無語⋯⋯我告訴她：「從哪裡摔倒，就從哪裡站起來，是個再勇敢不過的決定，我們都非常以她為榮！」

　　參加這個比賽的選手，必須背負七天所有的食物、衣服、睡袋和個人用品。有經驗的選手都會想盡辦法減輕所有物品的重量；食物多是難以下嚥，一沖熱水就可充飢的冷凍乾燥太空包（Expedition Food）；換洗的衣褲，能免則免；背包的材質愈輕愈好，有人甚至處心積慮的減掉不必要的繩帶，畢竟背著十餘公斤東西，在溫差二十餘度的沙漠裡競賽，是得錙銖計較的。茱蒂也是。她甚至連睡墊都省了。

擁抱絲路

隔天一早，我僱了車陪她跑第一天二十餘公里的行程。 一看見她，我著實吃了一驚，她的背包幾乎是她嬌小身軀的一半大。才跟沒多久，發現大部分的路程，都是崎嶇不平、人煙罕至的荒野，甚至是陡峭的山坡和低谷，才跟了一段，就無法繼續。

下午當她跑回來，名次不盡理想，記得是女子組第八名左右。我告訴她，盡量盯著第一名的腳步和配速，既省力，又有明確的目標讓自己撐下去。然後，我準備離開戈壁，回烏魯木齊搭機到烏茲別克與團隊會合。

離開前，她問我期望她跑第幾名？

好難的問題，我從不敢給自己兒女考試成績的壓力，何況是曾經跌倒受傷的友人愛女。

「前三名！」我還是說了。

「好，我會努力，Richard ！」她回道。

到了烏茲別克，安德魯從主辦方網站發現茱蒂已躍升到第五名，第三天是第三名，大家都興奮的不得了，像是從漫長的夢境中醒了過來。

那幾天最扣人心弦的事，就是早上等候賽事官網公布選手的名次。第四天，第二名，我們簡直要跳舞吹口哨！

臺灣的媒體也知道了，準備動員起來，投送鼓勵和溫暖。

這項比賽最艱困的是第五天的賽程，單趟超過八十公里，不消說，還得背負十餘公斤的東西。若完成了最長的一天，隔天可以休息，好整以暇的準備最後第七天二十餘公里的比賽。也就是說，第五天的賽事，是前幾名志在必得的選手們最關鍵的賽程。

等了一上午，不見官網的最新消息，我們都急死了！安德魯撥了好幾次電話給主辦的珊曼莎，好不容易才等到回電：

「茱蒂因中途脫水過度，醫生得制止她繼續比賽，以免發生不幸。」眾人驚愕無言……

甫露欣喜的疲憊旅人們，已無力為這個結果擠出任何意義，也失

去了論述的精力。大家都還有一半的旅程待續，不論想的是絲路長
征，還是人生旅程，我們還是得走下去。

　　至於茉蒂？對她來說，至少還有三分之二的人生路途；這可以是
人生的起點、轉折點、斷裂點或支點，只有她自己才能賦與詮釋的
權利。

　　回到加拿大後，她寫了一封信給我：

　　「謝謝你在臺灣、土耳其和戈壁的支持。回首過往，對你我而言，
都是荊棘滿布。儘管我的絲路或戈壁挑戰皆不如人意，我並不感到悔
恨。很慶幸你出現在我人生的第一個大挑戰裡。因為你的支持，讓我
的人生基地更紮實、平臺更穩固。我覺得自己更有信心面對未來，也
期待開展新的篇章……」

　　那分惆悵似乎漸漸遠颺，她已拭淚，換上新容再出發。

　我呢？得趕快繼續往前鋪路了。

烏茲別克的命脈 The Life And Blood

　　和茱蒂道別後，我先搭四個小時的車回烏魯木齊，然後經哈薩克的阿木拉圖轉機，飛抵達塔什干（Tashkent）已是凌晨一點半。我先在市區飯店休息一會兒，太陽出來，再往西趕六個小時的路，到齊亞丁（Ziyadin）與團隊會合。

　　出發不久後，安德魯打電話來說，今天住的地方很特別，我可以拭目以待。

　　這家人在鎮上經營餐廳，住家就在後面。前一天探勘時說明了來歷，想借住餐廳的廣場紮營。主人一聽，嚷嚷著來者是客，遂聯絡大女兒家，要她們一家人空出房間給我們。

　　當天早上，車隊駛進村莊，團隊好像榮歸故里的年輕人，接受主

人熱情的噓寒問暖，熱情接待。他十二歲的小兒子，略通英文，喜孜孜的穿梭翻譯。

然而，過大的排場，引起不必要的注意，鄰居開始閒言閒語。後來才知道，原來在烏茲別克一般民宅在未事前申請的情形下，是不能接待外國遊客的。這下子，得迅速找到替代的宿營點。

好不容易，找到了一家合理價格的飯店。我到的時候，宏柏和攝影師家興、有成正幫忙卸下炊具。

中亞傳統麵包

飯店後面，有間遠看似小倉庫，實則為烤麵包用的工作坊。裡頭有兩個年輕師傅都才二十五歲，卻已做麵包做了十五年。他們四年前才從附近的小鎮搬來，希望能有更好的生意，現在一天可做出五百個傳統扁麵包，銷到附近的市集、商店和餐廳，相當不錯。

烏茲別克各地產有特色各異的傳統麵包，從外觀上的壓花，就可以判別來自何處。薩爾馬罕（Samarkand）就以一種重達兩公斤的麵包聞名。師傅們揉好醒好麵糰後，一個一個用木模在麵糰上壓花，一個一個送入大烤灶裡貼在灶壁上，可想見要貼上重達兩公斤的麵包困難度有多高。

絲路沿線吃的幾乎都是這樣的扁麵包，在新疆維吾爾族稱之為饢（ㄋㄤˊ，Naan 或 Nan），這個發音是從波斯語來的，原來的意思是麵包，但久而久之，在中亞，特別是突厥語系民族，饢特指的是麵餅（ flat bread ），或扁麵包。

這種很有嚼勁兒的扁麵包，可以久放不壞，很適合遊牧民族或從事軍旅的人。

根據傳統，若烏茲別克發生戰事，軍人要出遠門前，會先撕一口圓扁的大麵包，放到嘴裡；家人則把缺了一角的麵包掛在家中，等

著有一天男孩回家繼續吃完為止，不論多少天，多少個月或多少年。直到現在，只要出遠門，烏茲別克人都會帶一、兩個扁麵包在身上，對他們來說，扁麵包如同護身符，讓他們能在可能發生任何狀況的旅途中，成為存身的憑藉。

烏茲別克國徽上的圖騰一邊是棉花，另一邊就是扁麵包的食材——纍纍的小麥。

上廁所方知水珍貴

我在烏茲別克的第三天早上吧，大夥兒睡在學生宿舍大樓。

所謂的宿舍，是一棟三層樓的長條建築物，貫穿的長廊旁有兩列房間，每間約兩坪大，四面牆，除了一扇門和窗對望，空無一物，甚至沒有床。因為不太通風，大多數人索性就睡在二樓樓梯旁的迴廊。

還矇矓半醒的影師小葉（葉蒼霖）出現在我未完全撥開的眼簾之外：「執行長！你醒了沒？可不可以陪我去一下廁所？」

乍聽覺得有點角色錯亂，這應該是小學女生之間的對話，怎麼會出現在四十幾歲的大男人之間？

「小葉！你野營在外那麼久了，怎麼還有這個問題？」我沒好氣的回道。

「我剛到廁所門口就吐了一地，掙扎半天還是沒上，肚子還很痛……」

到了門口，他停下來請求：「我可以抽菸嗎？」

「當然！」

在沒有門、也沒隔板的廁所，他一口氣點了兩根菸，我一點都沒聞到，只希望別引燃沼氣氣爆。

這一點也不誇張！後來發現，在烏茲別克，幾乎一路住學校，沒見過一間廁所是有沖水設施的。

／柒／ 烏茲別克 Uzbekistan

擁抱絲路

① 另一個雙重內陸國是列支敦士登Liechtenstein，位於瑞士和奧地利之間）。

② 1988年A.A.Chibilyov所著的《Introduction in Geoecology》，記載了這個偉大的計畫。

③ 根據美國國家棉花總會（The National Cotton Council of America）2008年USDA-Foreign Agricultural Service的《Cotton Production Ranking》（棉花產量統計報告）。

學校不比野外，除了有駐校人員，隨隊警察也跟著我們，沒人好意思在草叢樹邊就地解決，只有到視為畏途、「匯聚人氣」的「旱廁所」報到。

因此，每到新的營地，大家共同的問候語，不是：「要喝咖啡嗎？」「在忙什麼？」「需不需要幫忙？」之類的溫暖寒暄，而是再實際也不過的：「你去過這裡的廁所嗎？如何？」

上廁所前，往往得作一番心理建設，硬著頭，屏住氣，才不情願的進去。

隔天到了一所中小學，學校的員工為了迎接我們，大家動員起來，舀溝渠的水，來灑掃宿舍入口廳堂的灰塵。

中午，可能是夏令營的孩童用餐，每人碗裡只能盛半碗水喝。

在烏茲別克，每個學校幾乎都只共用一個蓄水池的水喉或水龍頭。也常見村庄居民，拿著桶子到一處集水站取水。可以想見這個國家缺水的程度。

棉花與水難兩全

烏茲別克是世界上唯二的雙重內陸國 ❶，意思是她的四周也都是不靠海的內陸國家。有著典型的大陸型氣候：冬寒夏熱，極少降水。年平均降雨量只有一～二百公釐，約僅臺灣的 5~10%。全國 80% 的領土是沙漠，可以說她先天就缺水。

可是在蘇聯統治時期，為了改變當地居民的遊牧生活型態，承襲史達林推動的「大自然轉型計畫」（the Great plan for transformation of nature）❷，將導入鹹海的阿姆河和錫爾河（Syr Darya）引水灌溉 開始種植他們稱之為「白色黃金」的棉花。這種作物的生長條件是充足的陽光、熱度和源源不斷的灌溉。

隨著這個政策的實施，棉花成為最大的單一出口品項 ❸。據估

計，農業用水就占掉烏茲別克所有用水的94％，一般民生用水當然因排擠變得更匱乏。而鹹海也因這個「大自然轉型計畫」導致環境的大災難（已於〈/陸/沙漠運河〉提及，不再贅述）。

有一天下午，當地的嚮導馬拉特・密爾札將諾夫（Marat Mirzadjanov），向我們介紹棉花，他認真的說，烏茲別克是世界主要棉花生產國。棉花是紡織品的經濟作物，棉花梗可以餵食牛隻，也可以當燃料，是完全不浪費的作物……說完，行經旁邊的灌溉水渠，他開心的脫下上衣，跳到水道裡。

它大有來頭！在烏茲別克境內，聯結到農田的水渠，有兩萬八千公里之長 ❹，而在農田裡的溝渠總長，則更達十六萬八千公里，足以繞地球四圈。

他開心的說，這是烏茲別克小朋友最喜歡的水上樂園，可以游泳，也可以打水仗，消磨夏日時光。

見他如此開懷，我們也不好掃興，討論灌溉溝渠背後，令人難堪的真相。

④ Irrigation systems and their fisheries in the Aral Sea region, Central Asia. T. Petr, Khismet Ismukhanov, Bakhtiar Kamilov, Pulatkhon D. Umarov

／柒／ 烏茲別克 Uzbekistan

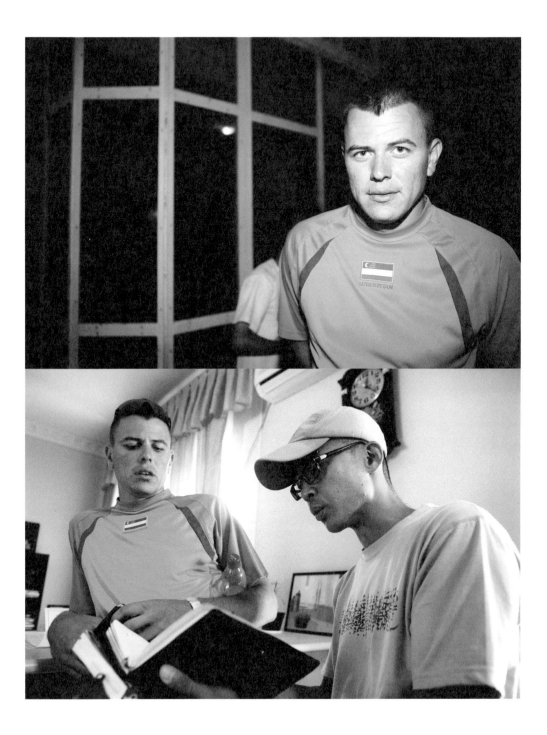

烏茲別克人 Uzbeks

絲路走了一半，除了跑者沒有鬆懈的空間，團隊出現兵疲馬困的症狀。對長跑和後勤作業的需求，已經熟悉得無需經過大腦，行事公式化，省去了摸索，也省去了與當地團隊磨合溝通的動力與機會，殊為可惜。但這絲毫不能遮蔽他們背後，從歷史長廊射出如萬花筒般的光華。

戰功彪炳的哥薩克人

身高大約 180 公分，削平了頭的立面，頂上留著似孫悟空的淺棕色短俏髮型，穿著 T 恤短褲，散發陽光般年輕運動員氣息的艾力克西·烏爾悠普夫（Aleksey Uryupov），是烏茲別克奧會派來全程陪同的代表，這是他來到奧會的第一個大案子，看得出來他很珍惜這個活動。

對艾力克西來說，他的任務，是盡辦法滿足我們對宿營的需求：有水、有遮蔽（躲太陽）和一定程度的隱私（免得當地民眾圍觀，眾目睽睽，做什麼都不自在）。

正逢暑假，沿路的學校就成了最佳的選擇，只是能做決定的主管多數不在，聯繫上不盡方便，耗費在路上探勘的時間相當長。

沿路上，都有隨隊警察。其實，烏茲別克全境車子並不多，交通上並無大問題；警察比較在意我們的行蹤和電腦，當然他們也絕不希望我們出了任何事。

艾力克西得這廂要求我們配合集體行動，那廂為我們私自出外拍照、買東西的行為，向警察保證一切無須憂慮。他就這樣一路負責沿線內外的協調和打通關。雖然才二十六歲，可難不倒他，因為他身上流著幾百年來教人刮目相看的血統——哥薩克（Cossacks）。

善騎剽悍，以武立邦

哥薩克 Cossack 一詞 根據出生於俄羅斯的德國語言學家麥克斯‧維斯摩爾（Max Vasmer，西元 1884 ─ 1962 年）的研究 ❶，與哈薩克人（Kazakh）辭出同源，是突厥語，意指居無定所，不理會政府約制，過草原生活的自由人。這正是中古世紀以來，遊牧民族的典型特色。

哥薩克人原是居住在黑海北邊 ❷，現今俄羅斯西南部頓河（Don River）和鄰近的烏克蘭第聶伯河附近的斯拉夫族。哥薩克人和黑海東南部的拉茲人（Laz，參見〈/ 肆 / 金黃色的拉茲族〉）一樣，熱愛自由，饒勇善戰，尤其是騎馬作戰的能力極強。

哥薩克人是個尚武的民族，在俄羅斯帝國時期，每個哥薩克男人都必須服役二十年，除了三年受訓，五年正式軍旅生活，其他十二年是備役。

他們整軍建武除了抵禦外侮，維護本身的自主性外，哥薩克看待武術的方式，就像臺灣原住民之於打獵技巧、或玻里尼西亞人的航海技術，是男子畢生的修練和榮耀。

艾力克西告訴我，根據傳統，兩歲起就會開始練習騎乘馬匹。族人從這些幼童坐在馬鞍上的安穩程度，就可以判定他們日後是否能

① 此 援 引 用 於 A. G. Preobrazhensky《The Etymological Dictionary of the Russian Language》一書。

② 即 現 今 的 烏 克 蘭（Encyclopedia of Ukraine）。

／柴／ 烏茲別克 Uzbekistan

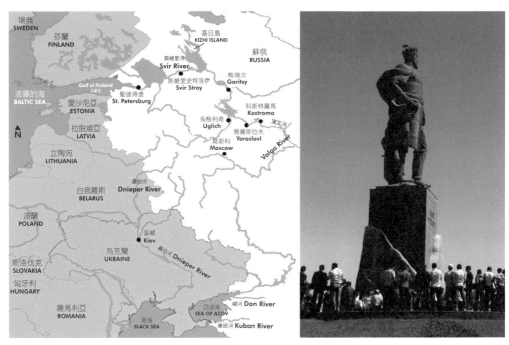

瑞典
SWEDEN

芬蘭
FINLAND

基日島
KIZHI ISLAND

蘇俄
RUSSIA

斯維里河
Svir River

格瑞次
Goritsy

斯維里史特洛伊
Svir Stroy

波羅的海
BALTIC SEA

Gulf of Finland
芬蘭灣

聖彼得堡
St. Petersburg

科斯特羅馬
Kostroma

愛沙尼亞
ESTONIA

烏格利奇
Uglich

窩瓦河

雅羅斯拉夫
Yaroslavl

拉脫維亞
LATVIA

莫斯科
Moscow

Volga River

立陶宛
LITHUANIA

第伯河
Dnieper River

白俄羅斯
BELARUS

波蘭
POLAND

基輔
Kiev

烏克蘭
UKRAINE

第伯河 Dnieper River

斯洛伐克
SLOVAKIA

匈牙利
HUNGARY

羅馬利亞
ROMANIA

亞速海
SEA OF AZOV

頓河 Don River

黑海
BLACK SEA

庫班河 Kuban River

▲ 哥薩克—頓河和庫班河

成為優秀的騎兵。到了青少年，就會接受深具民族特色的彎刀兵器
訓練，直到騎馬砍人能像切菜一樣容易的程度。此外，每逢節慶，
哥薩克族會聯邀鄰近村落，舉辦武術擂臺大賽，在在張顯以武立邦
的文化。

天生的戰士和斥候

　　在現代槍砲成為作戰主力前，哥薩克軍隊是令人聞風喪膽的民族
部隊。十五世紀以來，與鄰近大國（俄羅斯、波蘭立陶宛聯邦和鄂
圖曼帝國）時而保持距離，時而聯合作戰，也有劍拔弩張的時候，
端視這些國家是否能尊重這個民族若干程度的自治而定。

　　自沙皇統治以降到二次世界大戰，他們參與了大部分的戰爭，協

助俄羅斯帝國開疆擴土。西伯利亞成為帝國的一部分，是他們功績顯赫的一章。有相當一段時間，他們享有高於其他民族的社會地位，包括土地的持有、稅負減免和受較高的教育等等。

　　由於與鄰國互為利用和夾縫中生存的特殊關係，他們幾乎都是居住在當時的大國邊疆的河岸旁，所以分支部族的名稱便經常以河流而命名，如頓河哥薩克、伏爾加哥薩克、庫班哥薩克等。艾力克西的祖父母，都是庫班哥薩克人。

　　在蘇聯統治後，大多數哥薩克人解甲歸田，成為農民。然而在戈巴契夫實施市場經濟，蘇聯逐漸瓦解之後，哥薩克人的武德精神和自主的要求再度興起，新獨立的國家和俄羅斯地方政府順勢讓出更多權力。

　　2005 年，俄羅斯總統普丁（Vladimir Putin）提案恢復哥薩克

特色的軍事組織，成為國家軍事力量的一部分 ❸，或許這不難解釋為何艾力克西有件普丁大頭照的T恤。

❸ 根據《自由歐洲電台》（Radio Free Europe）記者Claire Bigg所撰述的新聞：〈Putin Takes Steps To Help Cossacks Restore Some Of Their Former Status〉。

儘管哥薩克人的騎兵作戰能力在槍砲炸藥成為更具殺傷力的武器後，不再具有優勢，但憑藉著幾百年來累積的軍事傳統，在游擊作戰和前線偵察（探勘）上，仍有令人刮目相看的表現。湊巧的是，探勘正是艾力克西此行的任務。不同的是，這趟完全是和平開道的旅途。

中亞，多民族交匯的舞臺

我踏上烏茲別克的第一天，團隊匆匆從民宅遷到一個旅館，因為房間有限，四、五個人擠一間。馬拉特、安德魯、史蒂芬和我分配到一起。馬拉特一進房，逕自把睡袋攤在房門後、廁所門口的地上，把裡面的床和較寬敞的地板空間，讓給我們。

一雙不任意溜轉的杏眼，常掛著上弦月狀的厚唇，雙頰豐盈，膚色釉黑，一看就是慷慨隨性，宅心仁厚的馬拉特・密爾札將諾夫（Marat Mirzadjanov），是跑者補給車的嚮導。

馬拉特是出生於塔吉克（Tajikistan，西北接壤烏茲別克，南接阿富汗，北鄰吉爾吉斯，東倚中國新疆）的烏茲別克人。他和妻兒的家，位於烏茲別克首都塔什干（Tashkent）。

在完成我們絲路後勤的任務後，他到俄羅斯籍的企業就職，擔任駐塔吉克代表的工作。他的俄語比烏茲別克語流利。雖然塔吉克也算是他的故鄉，但他能說的塔吉克語（屬於波斯語系），遠不及於他對英文掌握的程度。

這種讓人很混淆的跨國家、民族、語言和居住地的關係，在中亞地區已是慣常有的事。

／柒／烏茲別克 Uzbekistan

原來，中亞地區自古以來就是遊牧民族的大牧場，民族遷徙和混居已極其自然。在西元前二世紀，張騫鑿通新疆，貫通東西方的絲路成為商業貿易大通道後，居於其中的中亞，是各國旅人必經之處。

由於中亞保持長久以來的游牧形態，少有農耕，也就少有大量的定居人口，以致此地不曾出現本土強權。尤其坐落在烏茲別克和哈薩克西南部的「河中地區」（Transoxiana，指錫爾河和阿姆河兩河之間的流域），更是上古世紀以來，從希臘、波斯、阿拉伯、蒙古、到中國等各王朝，欲擴張領土的樞紐，或考慮安內而必須攘外的邊防驛站。因此，這個地區成為多民族交匯的舞臺。

中亞地區多民族的形態在蘇聯統治後，仍繼續發酵。二次世界大戰初期，蘇聯開始遭到納粹德國的入侵。為了拉長戰線，誘敵入深，同時保持戰力，蘇聯採取了和國民黨對日抗戰，將重慶定位為大後方的類似戰略，大舉將工業設備、國防物資和政府機構撤退到中亞。其中，河中地區成為大後方的重心。

當時，數以百萬計的俄羅斯人遷移至此。他們也因而發現，河中

地區的氣候遠較酷寒俄羅斯本土暖和。艾力克西的祖父,就是因為這個因素,選擇到烏茲別克定居。

新興民族國家

二十世紀,中亞各國全數淪為蘇維埃聯邦的統治之後,蘇聯擔心周邊強權,透過泛突厥主義 ❹(Pan-Turkism)和泛伊斯蘭主義 ❺(Pan-Islamism)的勢力影響,有分裂聯邦統治的威脅,於是將中亞依民族分割成土庫曼、烏茲別克、哈薩克、吉爾吉斯和塔吉克等五個民族國家。然而,新國境的界線無法整齊對應不同民族的長期居住地。

馬拉特告訴我,他的祖母家族是世居於突厥斯坦市(Turkestan City)的大戶人家,這城市在四百多年前原是烏茲別克族的一個部落所建立的浩罕汗國(Khanate of Kokand,西元 1709 — 1876 年),十九世紀末為俄羅斯帝國消滅。1924 年,蘇聯將突厥斯坦市畫歸哈薩克共和國。她決定遷居到蘇聯新訂定的烏茲別克領土,在那兒,她認識了馬拉特的祖父。後來,因為先生工作的緣故,再搬到塔吉克。這類例子,在中亞不勝枚舉。

④ 泛突厥主義(Pan-Turkism)在十九世紀由俄羅斯境內韃靼人賈登納瑟庫薩維(Ghabdennasir Qursawi)提出的概念,旨在聯合境內的突厥民族,透過突厥文化和語言的提倡,進行現代化改革。之後承襲這一思想的人,衍生為鼓吹突厥民族在語言、思想和政治的統一,為消失的鄂圖曼帝國,進行民族復興運動。現今有數個突厥語系國家組織,多是類似歐盟或東南亞國協等,促進文化、經濟和多邊地緣政治的交流。突厥議會(Turkic Council)是其中的一個例子。

⑤ 泛伊斯蘭主義(Pan-Islamism)的主張是恢復伊斯蘭教起源於阿拉伯時,倡導所有的穆斯林聯合接受哈里發的統治,遵循伊斯蘭教義所建立的神權體制。十九世紀,在伊朗出生的阿富汗人哲馬魯丁•阿富汗尼(Jamal-al-Din al-Afghani)再度提出泛伊斯蘭主義,提倡推翻奴役或殖民穆斯林的統治的政權,建立一個壯大的伊斯蘭國家。

／柴／烏茲別克 Uzbekistan

　又譬如，以塔吉克族占多數的撒馬爾罕和布哈拉，劃歸烏茲別克，讓塔吉克共和國感到不平。烏茲別克為了維護一統，只得聲稱他們只是說塔吉克語的烏茲別克人，是不難想見，兩國的關係因此變得緊張而敏感。

　二十世紀末，因為新興民族國家的分裂，發生了一件意外的政治插曲。

　馬拉特一家人和所有蘇聯境內的附庸國一樣，持有蘇聯護照。1991 年，妻兒住烏茲別克，他在塔吉克工作，戶籍也依規定遷到那兒。當年，蘇聯解體，蘇聯護照失效。烏茲別克發布一條法令，只有實質居住在當地的人，才能申請歸化烏茲別克公民，否則依個別案例，最多只能給與居留證。以致有好幾年，馬拉特成了沒有國籍的人。

　後來，俄羅斯終於為這些邊緣人訂定了一個補救措施：凡是之前

持有蘇聯護照而成了無國籍的人，都可申請歸化俄羅斯公民。 此後，馬拉特成為全家唯一的俄羅斯人。

語言的更易

⑥ 一九九一年蘇聯解體，突厥語系國家獨立，除了西里爾字母外，又紛紛引進拉丁字母，與現代土耳其文接近，但是，實施的進程和普遍性不一。

　　蘇聯為了確保聯邦的穩定和完整，一方面，鼓勵中亞各地方語言和文化的發展，以彰顯彼此各異的民族特色；另一方面，中亞各國通行的突厥語文（前面四國使用）和波斯語文（塔吉克使用），維持語音不變，但將文字改為和俄羅斯文相同的西里爾字母（Cryllic），意圖斷絕這些國家跟土耳其與伊朗的連結 ⑥；此外，他們更進一步推行俄羅斯文為聯邦官方語言，強化宗主國和中亞的溝通與從屬關係。

　　我想，文字改造和俄文教育的政策推行，並沒有遇到太大的阻礙，

▲ 河中地區Transoxiana，包括土庫曼東部、烏茲別克、哈薩克西南部、吉爾吉斯西南角和塔吉克西部。

因為當時文盲比例非常高，優勢文化的導入，反而受到歡迎。像是生於雙親皆為醫生的知識分子家庭，馬拉特接受俄語教育，說一口流利的俄語，是再自然不過的事。

立足世界的新絲路人

馬拉特是一個溫柔敦厚的導遊，即使我們依規定得集體行動，他還是樂意網開一面，滿足我們想要了解這個國家文化的渴望，認識不同的人。而他的協助，可不是出於好好先生的來者不拒或沒有原則的息事寧人。

有一天，跑者被車輕撞，聽說馬拉特當場斥責司機，說他的不願道歉有辱民族的聲譽，還差點跟對方發生衝突。不像其他的嚮導，他明白沒有什麼好遮掩的，沒有什麼不能公開的；這個特質，或許

和他多少命定的悲天憫人胸懷，以及在工作中孕育的見識和理想有
關係。

　　時年四十四歲的他，生日是 10 月 30 日，恰是紅十字會創辦人
亨利杜南（Henri Dunant，西元 1828 — 1910 年）的忌日。受
他的啟發，馬拉特曾在人道組織服務十餘年，包括紅十字會、聯
合國兒童基金會（UNICEF）和國際族群服務組織（Population
Services International）。

　　他告訴我，從親身接觸災民、殘障人士、毒癮患者、性工作者、
愛滋病患和失怙青少年的長久體驗之後，讓他了解，人不論出身、
遭遇和生活形態，都需要得到尊重。在國際公益組織的環境裡，他
有機會認識世界各國的專業人士和志工，大家為著超越自我的夢
想，感受具體奉獻的存在感。同時，他也因此打開國際觀和強化

語言溝通的能力。

這幾年，他轉到商業部門工作，是為了提供子女好的教育。兒子在歷史最悠久的國立烏茲別克大學（National University of Uzbekistan）主修英國哲學，還在法國文化中心學習法語；女兒則在久負盛名的高中學習中文。

生長於絲路歷史中繼站的烏茲別克，馬拉特顯然希望下一代能夠在這古文明的十字路口，有能力寫下烏茲別克人的主體角色，而非一貫的配角，成為立足世界的新絲路人。至於自己，他說：「我終要回到人道救援組織，那是我的夢想，也是我的依歸！」

布哈拉猶太人

天花板有著標示著猶太教代表圖騰的大衛星 ❼（Star of David），側邊的牆上掛滿了歷屆教士的肖像，六十歲的伊慈酋克（Itzchok）主持這個教堂近十年了。

之前，他既非奉身宗教傳播，也沒有系統性的鑽研神學，只是個篤信猶太教的水電工。他曾跟隨老教士讀猶太教歷史，聽習教義。沒想到，老教士在世前，指定他接管這個教區。

經歷三百多年風霜的質樸教堂，座落在一個高牆環繞、自外於撒馬爾罕古蹟大街旁，遺世獨立的封閉社區裡。敲門應聲，才得以跨入眼前斑駁沉寂、遭時光遺忘的天地。
映入眼簾的是褪去色彩的磁磚，數百年未刷洗的的垢黑磚房以及破碎的卵石小徑。而門外，卻是極盡展現中亞文明風華，綻放著歷史光輝的宮殿古蹟。

撒馬爾罕建城超過 2700 年，在絲路成為東西方的貿易路線後，此地成為強權必爭的重鎮。

十四世紀時，在自詡承襲蒙古帝國道統，實為突厥族的帖木兒，

❼ 大衛星，又稱大衛盾（Shield of David），是一個六角星形狀的標誌，就像十字是基督教的象徵一樣，大衛星是猶太教和猶太文化的代表符號。大衛王是西元前十世紀以色列聯合王國的第二任國王。

／柒／ 烏茲別克 Uzbekistan

在這裡定都後，撒馬爾罕成為管轄東至印度，西至土耳其的帝國政治中心。他大肆興建宮廷教寺，在今天仍可窺其瑰麗燦爛的一面。直到今天，或許撒爾馬罕，是烏茲別克總統伊斯拉木·卡里莫夫（Islam Karimov，任元首逾二十年）的出生地，他更不遺餘力的修復此地的古蹟，甚至增添金碧輝煌的牆飾，意圖重現歷史榮耀的光芒。

⑧ 根據www.bukharacity.com 網站裡〈The history of Bukharan Jews〉一文指出，「布哈拉猶太人」的由來是十八世紀時，歐洲人見到大部分的中亞猶太人居住在當時的布哈拉酋長國（Emirate of Bukhara），因而稱他們為「Bukharan Jews」。

相形之下，一牆之隔的猶太區，猶太教堂偏居一隅的所在地，是「布哈拉猶太人」（Bukharan Jews）⑧ 的世居所在。他們的祖先可追朔至西元前六世紀。

當波斯人居魯士大帝征服巴比倫帝國後，下令釋放遭到囚禁的民族（詳文見／伍／伊朗），返回故居。一部分猶太人沒回耶路撒冷而滯留在波斯帝國，成為中亞地區猶太人的先民。其後，他們歷經異族統治，時而獲得寬容的對待，允許自由遷徙與信仰；時而受到嚴格的圈管 ⑨ 或迫害。

⑨ 猶太人因聖經故事、政治、種族或經濟的歧視而圈居一處，不獨出現在中亞，在中古世紀的歐洲，更處處可見。這些居住地稱為猶太區（Jewish Quarter 或 Ghetto）。

在帖木兒帝國時期，他們的居住地開始受限於一地的猶太區，猶太商店必須得低於穆斯林店一個階梯的高度；在烏茲別克，有數百年期間，戶長繳稅時，還會挨耳光，凸顯猶太經商的卑賤可恥。

十八世紀時，伊斯蘭教士甚至強迫猶太人改信伊斯蘭教，因此，猶太教義與信徒這此地逐漸式微。在最黑暗的時期，1793年，一名來自摩洛哥的猶太教士拉比——馬格里比（Rabbi Joseph Maman Maghribi）來到中亞。眼見教魂的失落破碎，終其三十年餘生，在此宣揚猶太教義，並引進歐洲的猶太神學老師駐地推廣。伊慈酋克的這間教堂，便是在那時修建，成為傳遞猶太精神的根據地之一。

　　進入二十世紀，美國協助以色列建國，加上蘇聯共產主義對宗教的限制和伊斯蘭基本教義派對猶太人的敵視，大部分的布哈拉猶太人透過各種管道，紛紛移居到以色列或美國。

　　伊慈酋克的三個兒女、好朋友和鄰居也相繼移居到以色列，親族裡只剩下太太和他在撒爾馬罕相依為命。

　　寫到這裡，不禁感嘆：猶太教（伊斯蘭教也頗相近）不只促進靈魂的對話，指引生活的方式，還凝聚延續民族的香火，真令人不得不折服衪強大的生命穿透力。撇開建國以來諸多的外交衝突與程序正義的困境，以色列人回歸故土的行動，是找回安身立命的居所，更是奠基民族尊嚴的所在。

　　問伊慈酋克有沒有回歸祖國的想法？

　　他指著教堂說：「這教堂交到我手上時，我就斷了這個念頭。只要有猶太人的地方，就要有猶太教的信仰的……除非有接班人出現，我會守住布哈拉猶太人的信仰！」

／柒／ 烏茲別克 Uzbekistan

／柒／烏茲別克 Uzbekistan

擁抱絲路

／柴／烏茲別克 Uzbekistan

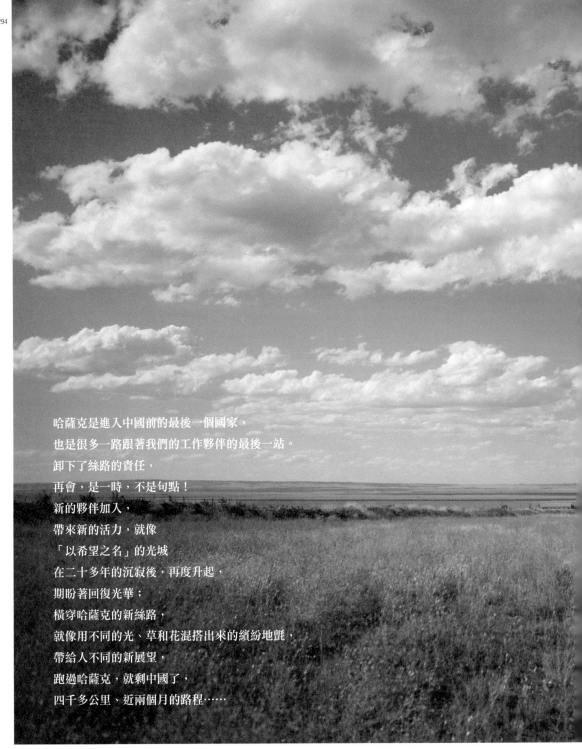

哈薩克是進入中國前的最後一個國家，

也是很多一路跟著我們的工作夥伴的最後一站。

卸下了絲路的責任，

再會，是一時，不是句點！

新的夥伴加入，

帶來新的活力，就像

「以希望之名」的光城

在二十多年的沉寂後，再度升起，

期盼著回復光華；

橫穿哈薩克的新絲路，

就像用不同的光、草和花混搭出來的繽紛地氈，

帶給人不同的新展望，

跑過哈薩克，就剩中國了，

四千多公里、近兩個月的路程……

捌.
Kazakhstan
哈薩克

未竟的旅程 Unfinished Journey

哈薩克是進入中國前的最後一個國家，也是副領隊康華此行的最後一站。

康華是大陸官方唯一指派的團隊成員。出發前三個月，我刻意淡化他可能代表政府身分的敏感性，告知安德魯這項安排。

作為全程領隊的他顯得無可奈何，只有走一步、算一步。

不記得是不是問過康華，他第一次聽到這個活動的反應。不過以他年輕但冷靜沉穩，咀嚼再三才表示意見的個性，問了，也不見得會爽朗的答覆。我自估，原先他對這個活動的態度，應僅當是官方舊識和老長官人情請託的差事吧。

收到他的背景資料後，發現，我們恐怕過度想像他在角色上的政治性了。

資歷顯赫的大陸官方代表

原是個銀行軟體工程師的他，因表現優異，單位曾派他赴海外受訓。閒暇時喜歡攀岩攀冰，還在網路上弄起交流平臺，與同好切磋，沒想到玩認真了。2002 年他索性離開穩定的職場，在西藏登山學校投入登山訓練，並擔任嚮導、領隊等工作。

他攀登過寧金抗沙峰（7206 公尺），念青唐拉峰（7117 公尺），章子峰（7543 公尺）等。除高度外，這些山峰主要以險峻的冰裂縫、冰塔林、碎冰崩塌和刃形山等高挑戰的地形路線著稱，且多是 1980 年代以後，才有登山家成功登頂的。2004 年，康華和他的夥伴，成為第一組登頂四姑娘山么妹峰（6250 公尺）的中國人，也是歷史上僅有的五個成功登頂隊伍之一。

安德魯看到他的資料後，對我說：「請你幫我在我的簡歷介紹上，加上『曾駕帆船橫渡大西洋』。」

／捌／ 哈薩克 Kazakhstan

我詫訝的回道：「我怎麼不知道你有這麼一段？為什麼不早說？」

「呃⋯⋯」他搔著頭尷尬的笑著回答：「我哪知道康華的資歷這麼顯赫？不加上去的話，領隊看起來比副領隊還遜！」

不過，康華反倒對自己的過去有不同的感受。有一回康華還跟我輕嘆：「知道我登過高山的，總會問我是否登過珠峰，好像沒去過就不算是個那個什麼的⋯⋯其實，珠峰的難度並不是最大的障礙，關鍵是要下定決心、花上兩個多月的時間耗在一座山上⋯⋯」

出發前的 2011 年 2 月，為了北京記者會中，準備團員介紹的書面資料，我上網遍尋他的照片，但怎麼也找不到想像中登山家的那種英姿煥發、豪邁粗獷或歷經蒼穹風霜洗刷的面龐。

初次在伊斯坦堡見面的感覺，比較像是側身於研究室的文藝青年；微微佝僂著背，時而雙手插褲袋，時而托著下巴沉思；話說得很少，但總在刀口上，有分量，讓你斟酌再三。

　　除了一口京片子，提醒我他是北京人外，完全沒有一般北京人天子腳下、天龍國氏的睥睨氣質，也沒有看盡大風大浪不改其色的倨傲神情；我未曾聽過他講述攀岩攀冰受傷、可資議題發揮的登山老將風雲史；問他為什麼投身登山人才訓練，他頂多只說了幾句：「歐美的登山環境是百年的文化累積」、「這需要時間的洗鍊和沉澱，國內急不來也快不得」、「就是做點不一樣的事吧！」……等等。

探勘的意外與驚喜

　　他一開始非常不習慣絲路團隊的運作模式。

　　和他在複雜危險地形擔任領隊或後勤保障，一切以服從領導和紀律、確保團員安全和團隊行進計畫的嚴肅風格相比，我們是鬆散了許多。包括對跑者狀況的因應，對個別成員（包含對媒體）的

擁抱絲路

尊重，到每一個國家都得重覆經歷當地後勤團隊的更換、磨合、適
應，簽證取得的不確定性，拿捏沿線政府單位的接待與配合等，確
實和登山攀岩必須專注的面對自然的陷阱和挑戰有本質上的差別。

　　對我和安德魯來說，絲路之旅，是摸著石頭過河，談不上專業的
運作。但很快的，康華不但適應，還展現莫大的彈性。

　　他曉得安德魯對露營點總是希望有幾個選擇，因此不管勘查到
什麼點，他不輕易下斷論，總是說：「再看看吧！」或「We will
see！」

　　下一個七十公里的沿路附近探勘，不會總有理想的場地等著我們。
尤其，每剛到一個國家，當地團隊為我們挑的前幾個露營點，總會
和我們的預期有差距。譬如伊朗，第一任嚮導帶我們到一個加油站
旁，布滿卵石的「營地」。眾人傻眼，沒氣的和嚮導溝通「營地的條
件」，打算另起爐灶，尋找新地點，嚮導卻信誓旦旦的辯稱方圓範
圍內沒有更佳地點。

　　正當大夥兒爭執之際，康華一貫悄然自行踱步，東繞繞西逛逛，
他穿過宛如一個足球場大的卵石地，前面橫著一道蜿蜒的高牆。他
小心翼翼的巴著牆眺望，然後沿著牆找到一扇門，推開它，浮現一
隅新天地：

　　一戶靜謐的水泥房子，後院的嫩青草原直鋪到遠方的雪山腳下。
院子裡有難得一見的蹲式馬桶和水龍頭。

　　原來這是加油站主人的農舍。他慨允我們紮營的請求後，大家開
心的四處打量可以用餐、洗衣、工作或是拿出相機擷取屬於自己心
情的角落，沉浸在這悠哉如莊園的氛圍。

　　午間時分，涼風拂來，我們坐在房子旁約半公尺深的乾溝渠旁吃
著午餐，透澈的水無預警的緩緩注入。驚呼之餘，當然不會錯過清

涼好滌足的好運，享受康華偷來的時光。

　延續烏茲別克的經驗，在哈薩克也盡量選擇學校紮營。正因為學生在放暑假，所有的學校幾乎都趁這個時候翻修、上新漆，有時候整間學校都是油漆味，剛聞刺鼻，聞久了想吐。所以到學校最難的就是尋找適合跑者休息的房間，哪裡夠通風、不會曬到太陽、離人群遠比較安靜、不需爬樓梯等。

　每次的勘察都讓人對康華及宏柏的體貼很感動。找不到沒有油漆味的房間，康華會開始在每一個角落像狗一樣搜索，邊聞邊走，要是到了上鎖的房間，他硬是會找到一個小縫，把鼻子擠進去，大力呼吸，再判斷是否要找鑰匙開房間。

在絲路下，政治顯得渺小

　他幾乎不曾動怒。有兩次例外，都跟臺灣有關。一次是五月下旬。伊朗奧會為我們辦了一場歡迎會，當時我折往西安談贊助。安德魯應邀上臺致詞，結束後，他正為自己做了一場精采的演說而沾沾自喜時，康華鐵青著臉、緊握拳頭說他在致詞中提到「團隊成員來自六個『國家』，其中包括英國、中國、臺灣……」康華接著說：「下次再提到類似的事，我會當場帶著中國籍團員離席抗議……」安德魯當場幾乎下不了臺。

　另一次是陳軍和義傑的相處很緊繃，陳軍隨口牽扯了一段和臺灣有關的負面言論。事後康華知道了，極為光火，嚴厲斥責陳軍，並下了最後通牒！

　這兩件事表面聽起來互為矛盾，其實關鍵不是繫於個人意識形態所做的反應，而是他被賦與的角色，必須確保外界不會有不必要的政治反應，致使這個活動有停擺的風險。

／捌／ 哈薩克 Kazakhstan

304

擁抱絲路

對於這點，我完全能夠理解。

早先，在確定大陸馬拉松跑者會參與這項活動的時候，中國登山協會（簡稱「中登協」）曾建議，有關旗幟和名稱，是否採取奧會模式？也就是臺灣代表隊的稱呼為「中華臺北」，旗幟是「梅花五環旗」；而大陸選手是中國隊和五星旗。

我委婉但明確的回道，這不是體育「賽事」，我們都是同一隊，不存在競爭和兩岸代表隊的問題，無需高舉國家和旗幟的議題；再者，奧會模式對臺灣人來說，是為了參與國際體育賽事而委曲求全的無奈妥協。強加奧會模式於「擁抱絲路」，反讓我們攜手舉辦這項活動的初衷和目的，蒙上不必要的陰影，也顯得扞格離題。

不久，中登協從善如流的回應我的建議：「雙方都不出現國旗；團員對於兩岸以大陸、臺灣互稱；至於沿路加油民眾以及非團員的國外朋友要用什麼名稱稱呼或舉什麼旗幟，則尊重他們各自的認知與權利，不予以干涉，我們雙方也不作文章。」

平心而論，中登協及背後官方對此所展現的考量和彈性，是泱泱大度的成熟決定。

在我從臺灣來到烏茲別克，加入團隊往哈薩克的路上，我將康華託我帶的兩本龍應台寫的《大江大海一九四九》交給他，一本他要轉送給成長於那個年代的父親，一本自己留著。讀後，他寫信給我：「……在一九四九這個對中國人而言的一個歷史節點上，由於意識形態的衝撞，在缺乏傳統與普世價值和人性的年代，各個層面的中國人被歷史的洪流衝擊，聚合流離。文筆細膩親切，格局波瀾壯闊。很久沒有這種酣暢的讀完一本書了。」

很含蓄的康華，會有這樣深刻的表達，或許是卸下了絲路的責任，心打開了。

再會，不是句點

回首來時路，康華扮演多重的角色：探勘、外交聯繫以及白斌和陳軍的保母。尤其，受我的託付，他花不少力氣在陳軍身上，但狀況總不盡如人意。

在哈薩克時，陳軍的跑步已經是有一搭沒一搭的了。原本還有個冀望，陳軍可以完成大陸境內全程路跑，現在看來恐怕是個奢想。

在茱蒂事件發生時，康華就以個人經驗告訴我，當他做極限攀登時，他寧可和一個壞脾氣的高手同組，也不願意和一個嫩弱的溫柔正直組員同行，因為那是攸關生命和完成的事。這個例子並不盡然適用在我們的征途上，但我明白，他是要我「放下」。

　　這回，他舊例重提，安德魯也覺得是時候了，跟我提出讓陳軍離開的建議，我心中只有遺憾，沒太多掙扎。

　　到了哈薩克與中國的邊境，陳軍帶著所有人的簽名祝福和若軒為他上框的紀念照片，提前一天，低調的穿越新疆霍爾果斯邊關，搭機返家。隔天將會有隆重的入境歡迎儀式，等著義傑和白斌。

　　康華留下來和新接任的中方副領隊交接幾天後，也返回北京，之後赴美參加一個嚮導訓練的課程。

　　進入大陸兩個星期後，團隊還在新疆跑著。他給我的信裡面寫著：「感謝你和探索家給予了我這次難忘的絲綢之路經歷，這一路上共同為了一個目標大家同甘共苦。我回來後休息了幾天，又開始攀登。現在我和團隊還保持著聯繫。有時候想想，這幫兄弟還在路上，一方面為他們祝福和加油，一方面心裡有些慚愧。如果來之前能夠預料到是這樣的話，我會一路跟到底的……」

新任醫生搞笑報到

7月20日，我拎著好幾大袋行李，多半是幫團隊帶的，從臺北經北京、烏魯木齊、伊寧，然後搭車趨往新疆邊關霍爾果斯。未來兩天，將和伊犁自治州、霍城縣政府以及海關等政府單位，協調準備團隊從哈薩克入境新疆邊境的歡迎儀式。

在哈薩克那一端，團隊最後接任的醫生喬·安（Joe Ahn），前一天抵達團隊的駐紮地。他等這一天已經整整三個月了，每天從「探索.家」的網站和臉書守著團隊的最新消息，看得望眼欲穿，巴不得人就在現場。身材額外矮小，經常開懷大笑、而鼓著紅通通的臉頰；雖滴酒不沾，卻在旁人杯觥交錯、酒酣耳熱時，還能融入話題、不掃酒興的好夥伴。

他這種《白色巨塔》裡罕見的幽默醫生，出場的方式也很滑稽。他從家鄉密爾瓦基（Milwaukie）坐車到芝加哥，然後搭飛機到伊斯坦堡，再轉機到阿拉木圖（Almaty）。幾經交通轉折和腹瀉的折騰，終於在凌晨四點多，搭計程車摸黑找到營地，只是所有人都睡了。

他忍著腹痛，衝進到處有不明障礙物的營地。他找到睡眼惺忪的安德魯、劈頭的第一句話是：「兄弟，廁所在那兒？」

天亮之後，才赫然發現這是一個廢棄的學校。他更沒想到，隔天會住進一個猶如廢墟的城市。

／捌／　哈薩克 Kazakhstan

擁抱絲路

跑在新舊遞嬗之路
Running between the Old & New

　　這座臨近中國邊境的城市叫做 Nurly。Nur 在突厥語的意思是「光」，從新疆移居來這兒的哈薩克族將之稱為「光城」。

　　光城以前的名字叫做「青年鎮」。1985 年蘇聯在這裡打造一座以乳製品串聯的產業鎮，成為一座新興移民城，吸引各地的人來這裡開創新人生的新住民。至今仍依稀可辨當時的郵局、運動館、游泳池、澡堂、購物商場等，見證當初完善的擘畫。

光城，以希望之名

　　阿力哈別克，一個原本住在新疆的哈薩克人，就是在那個時候聽說了這座城鎮。

　　他 1989 年開始申請移民簽證，朝思暮想就是希望返鄉立足，落葉歸根。直到蘇聯解體後一年，1992 年，剛宣布獨立的哈薩克，才核准了他的申請，成為早期從中國移居到光城的居民。

　　只是沒想到蘇聯解體後，落實藍圖的建設停擺，「希望」成為空中樓閣。

　　工作沒了，移民紛紛搬離，牛隻家畜跟著遷移，能搬的乳品廠房也淨空了。留下來的一幢幢興建中和已興建完成的建築物，矗立在廣闊平坦的大地上，有如中古世紀大瘟疫、或電影裡世紀末的景象。其實，你也不完全分得清楚哪些曾有人住、哪些尚未建造完成。

　　我想起一部電影（編按：《軍火之王》），一架飛機降落在非洲的荒野，駕駛員因故離開了，在那從黃昏到隔日清晨的時間裡，當地村民先是拿走機上的補給品；然後拆下座椅、方向盤、輪胎、螺旋槳；接著呼朋引伴，將能被拆解變賣的機件，全部帶走。

　　阿力哈別克到的時候，目睹了整個衰敗凋零的過程。他起初到的大商場，還有些擺飾櫃和被遺留下的商品，「剛來的時候，這裡很亂，沒人管，槍啊、彈的、什麼都有。原本大商場就算荒，還起碼有點樣子，幾年下來，砸的砸，搶的搶，就成了現在這樣。」

　　2008 年才接過來的十九歲兒子美兒別克說：「我到這裡的時候，看得都傻了，什麼都沒有，像是剛打過仗一樣！」

　　蘇聯崩解，光城不再。

　　阿力哈別克到了以後，在附近種了五年的田，累積創業的本錢，頂下了這間雜貨店。又過了十年，才有能力把老婆孩子接過來。

　　這鎮上唯一的小店，侷促在五百坪廢棄大商場的一角。諾大的空間，玻璃碎了一地，磚瓦牆壁坍塌，幾頭驢子糞土地上低吼，如果不是看見牆上的雕梁，實在無法聯想曾經有過的繁華……幼稚園空了，只剩下牆上太陽公公的微笑臉頰；應該是設備齊全、陪伴鎮民度過嚴寒的健身中心，只剩裸露鋼筋的牆面；規畫統一燈光形式的蘇聯式住宅區，只剩散落著水泥板塊，和再也無法按址找人的門牌號碼。

　　隨著政府的房屋補助津貼，吸引了許多哈薩克族回鄉，新移民的腳步以緩慢的速度復甦這個瀕死的邊境城市，光城漸露曙光。六百戶人家，有兩百戶是從中國移居來的哈薩克族。

　　問他為什麼不待在發展更快的中國？為什麼寧願待在這座空城重新開始。

　　他毫不猶疑的回答：「這裡是我的家鄉，是哈薩克人的土地。那種感覺我形容不出來，就是有什麼東西要我留在這裡。」

　　兒子美兒別克指著小鎮中央的二線道說，歷史老師給他看的照片裡，這條路人來人往，晚上燈火通明。「想著那些照片，感覺好了許多，起碼知道這裡以前繁榮過，也可以想像將來的榮景。」

　　他們的期待，或許並非海市蜃樓。一條計畫中的新絲路，往西連

／捌／ 哈薩克 Kazakhstan

擁抱絲路

① 哈薩克全境，面積為兩
百七十二萬平方公里。

結到德國，東到中國。

「路建好，再修鐵路，第三條輸往中國的天然氣管聽說也要開
通了，這裡一定是會發展起來的。」美兒別克說。

「希望」在二十多年的沉寂後，再度升起。一座未老先衰的城市，
期盼著回復青春、婀娜多姿的年華。

新絲綢之路

塵土飛揚，義傑和白斌穿越的這條長長的築路工地，將以新的面
貌呈現在世人面前。它橫穿全世界最大的內陸國家哈薩克全境 ❶，
總長有 2787 公里。

因年久失修，造成通行緩慢，事故頻傳，在這個計畫之下，全
線近 90％的道路都會進行翻修。這段浩瀚的工程完成後，能順
暢的西接俄羅斯莫斯科和歐洲，東抵新疆霍爾果斯邊關，成為總
長 8455 公里——「國際運輸走廊」（International Transport
Corridor）。其地緣經濟的策略性，可從它的計畫名稱「西歐—西
中專案」（Western Europe - Western China Project）得以窺見。

這項哈薩克共和國獨立以來最大的公共工程，得到世界銀
行（World Bank）和伊斯蘭開發銀行（Islamic Development
Bank）等的支持。哈薩克政府希望藉此能夠從中國的經濟發展以
及東西貿易的成長中獲益。此外，這個修建工程也提供三萬五千
人的就業機會，這是總統努爾蘇丹・納扎爾巴耶夫（Nursultan
Nazarbayev）最念茲在茲的政績。

和其他中亞國家相比，哈薩克不但是最大的經濟體，人均所得也
睥睨群雄，最主要是得力於豐富的石油、天然氣、鈾和金屬礦產等
資源。所以，對於哈薩克來說，這條新絲路，不再只是以往東西方
強權「借過」的貿易通道，更是這個新興強權輸出能源、換取建設

和鄰國廉價農產品的孔道。

這項工程有多重要？我們隨隊的司機經理最能感同身受。

他自己擁有一間貨運公司，旗下有五輛卡車。過去幾年以來，最常走的路線是從德國盧比克（Luebeck）、經聖彼得堡（St. Petersberg）、莫斯科到哈薩克最大城市阿拉木圖。他承攬的主要業務是載運基本建設用挖土機等大型機械。一趟要七千公里的路程，要開七天，每天只睡四個多小時。

也就是說，現在每天一千公里路得開二十個小時，沒有太多司機受得了這種勞苦奔波，因此他經常披掛上陣。他最遠曾開到蒙古烏蘭巴托（Ulan Bator），運送藥品過去，帶皮革、皮草回來。

如果未來路況改善，不再這麼折騰卡車司機，他可以不必這麼累，還可以多做些生意。

我們的採購娜基拉（Nazira）對這項建設感到驕傲，對她來說這不只代表了哈薩克政府承諾的進步，更代表了絲路即將重拾過去東西方貿易命脈的光輝。

乘著她與有榮焉的喜悅之情，撐起因忙於團隊事物而消耗殆盡的精力，央她帶我們去拜訪施工單位。在訪談過程中，還因此得悉他們住的地方，有一個極富想像力的地名「路之城」（City of Roads）。

沿途問路，車子愈開愈遠離塵世，典型的哈薩克草原景觀在眼前展開。披在大草原上，是由不同的光、草和花混搭出來的繽紛色彩。車子轉進一條無名的路徑，橫穿了大地，開往遠方的山腳下，天色漸暗，還依稀見得到遠方山帽上終年不化的白雪。

「再往前開就是了！」

我們全神貫注的想像著這條路的盡頭。

草原的邊界，放著由數十個貨櫃圍成的大型四合院。進到路之城，以為因陋就簡，卻沒想到設備一應俱全，應有盡有。每一個貨櫃都

裝了好幾臺冷氣，分別改裝為宿舍、廁所、浴室和餐廳廚房。甚至有的貨櫃還改建成溫室，種滿了馬鈴薯與蔬菜。

　　負責這項工程的澳洲籍國際顧問公司工程師道格‧戴維斯（Doug Davies），已有多年中亞國家的修路經驗，對於能夠參與這個新絲綢之路的計畫，感到光榮。對於來自突厥斯坦市的、烏茲別克裔的工人道雷克（Daulek）來說，雖然對於大學資訊工程系畢業的他，水泥灌漿的工作有點大才小用，但能夠在這樣福利完善的地方工作，他已感到欣慰。他只有希望這一年的契約到期後，能夠繼續下一個五十公里的修路工作合約。將來存夠了錢，可以買一部車當司機，過起絲路上，自由自在的日子！

　　看來，這條新絲路，承繼的不只是政府的政績，不單只關乎「擁抱絲路」的階段性任務，更重要的是，在哈薩克人眼中，它是希望所在，生氣的來源！

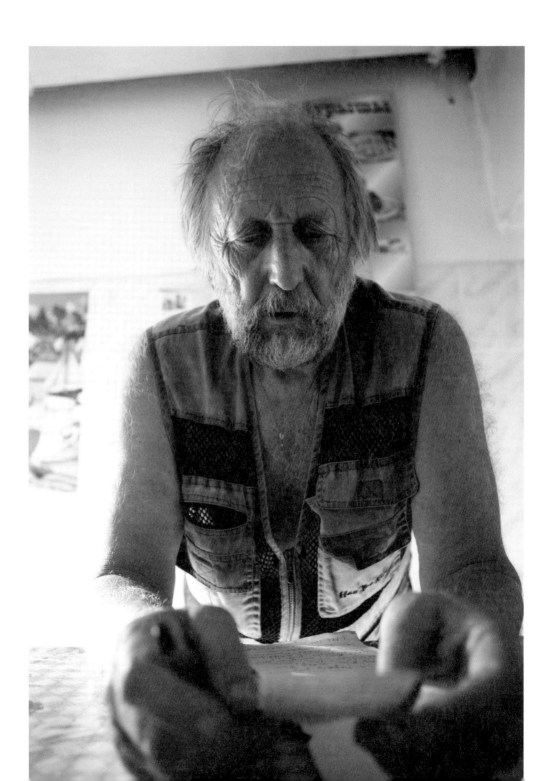

哈薩克廚師 The Cook

密布皺紋的臉，周邊插滿散亂的灰黃髮鬚，敞著胸膛的亞歷山大（Alexander），漁網狀的釣客背心是典型行頭。直到團員反映他濃密的胸毛有可能入菜後，他才心不甘情不願的，在做飯的時候套上白色圍裙。

在俄羅斯出生，父母在他年紀還小的時候就分開了。十二歲的時候，跟著擔任公職的母親來到哈薩克。

很難想像如此不修邊幅的亞歷山大，曾在莫斯科唸大學，主修食品營養，畢業後回到哈薩克，在食品公司擔任管理職的工作。

蘇聯解體，舊秩序崩解，打破原來的生活軌道，也讓他思考新的可能。他開始了閒雲野鶴的日子，把興趣當成工作，當起山岳嚮導兼登山旅遊團廚師，沒有團的時候，就捕魚賺外快。

不羈大廚亞歷山大

外表粗獷不羈，想必不屑事前規畫、事後檢討之類行禮如儀的標準化白領作業。但瞥見他表皮斑駁的筆記本內，卻像印著猶如鋼筆字帖般整齊而認真的筆跡，鉅細靡遺的記錄食譜和長串的採購清單。

上任第一天最重要的工作就是大採買，很多廚具裝備行走好幾個國家、因應各種地形地物的折磨，現在已經殘破不堪，最教他無法忍受的是，傷痕累累又髒又黑的砧板。

兩口瓦斯爐之中的一口，因為一個螺絲遺失而不堪使用，且由於規格跟當地不同，新的瓦斯爐又太貴，亞歷山大最後到修車場找人車出一顆訂製螺絲，才順利解決。

身為廚師的另一個堅持，是保持肉類的新鮮。亞歷山大要求採買我們想都沒想過的冷凍櫃！

這天外飛來的想法，乍聽匪夷所思，也過於奢侈。但沉澱了一會兒，其實是個既方便又務實的巧思：可以省去每天找冰塊的疲於奔命；可以儲藏肉類，省去天天找地方採買的不便；還可以避免食物餿掉。冷凍櫃？再實際也不過了！

亞歷山大驕傲的花了 45,000 元哈薩克幣（KZT，Kazakhstan Tinge）（約 300 美金）買了下來。

笑起來，露出滑稽的滿口金牙；臉色一變，則毫不客氣的呲牙咧嘴，放聲咆哮，無人奈何得了他。有一天，他的肢體語言不只是動得誇張，還摔鍋丟瓢兒的，擺明是要昭告天下什麼的。原來是大家把廚房當穿堂般的走來走去，讓他沒辦法專心做飯。關於這點，他的憤怒，嗯，師出有名。

我們的隨團廚師比一般餐廳廚師來得辛苦許多。在團隊裡頭，其勞困程度應僅次於跑者。一天煮四餐不說，還得改變起居作息，半夜兩、三點就得起床，開始胼手胝足的一天。沒有儲物櫃和冷凍庫，食材和廚具四散在各種可用的容器裡——膠袋、菜籃和鐵桶；沒有流理臺，隨團用的摺疊塑膠桌，根本無從著力切肉切蔬果，只有就地找木桌、或階梯轉角或湊合墊個磚頭，綁上遮陽布，就是廚房工作站。

這跟亞歷山大登山做飯的工作情境大為不同。大夥兒一起登高，不過是三、五天的行程，沿路一起談天聊是非；累的時候，起碼是上半身在天堂，放眼盡覽四周的山巒變化；晚上升起營火，開心的慶祝當日完成的里程碑，不論菜色如何，總有好心情來開胃。

至於我們，就是兩、三位跑者日復一日的極限長跑。說是極限，卻似遙遙無期。即便跑到哈薩克邊關，只剩中國了，也還有四千多公里、近兩個月的路程，怎麼會有每日慶祝的心情？其他工作夥伴也離家三個月了，何嘗不想家？

於是，用餐成了感受團隊心情變化的重要時刻。

／捌／ 哈薩克 Kazakhstan

一頓色香味俱足的佳肴，總能挑起情緒，脈搏興奮的跳動，也能打開話匣子，讓整個營地感受到滿足的氛圍。反之，不到三分鐘，紛紛離桌，不是出外覓食，就是眉眼低垂。

語言再不通、再白目的廚師，對這些景象，都點滴在心頭。亞歷山大費心的準備菜單，從每天沿路可以買的食材裡，烹調出一道又一道的菜色，就是希望通過每天四次，二、三十人的不斷「會考」。每個國家的廚師，在這三、四個星期的身心壓力，可見一斑。

因此，在亞歷山大的驚天一怒之後，眾人就乖乖的繞道而行。然而，這小小的將就配合，換來一路上最多元、最美味的珍饈菜肴，十分值得！

不過，另一位廚師娜塔莎的日子就沒這麼好過了，常吃他的排頭。他對娜塔沙像是對待學徒一般，呼來喚去，且不准她拿刀鏟做菜。頭幾天，大家用完餐後，亞歷山大早已呼呼大睡，而娜塔沙則默默的洗碗善後到凌晨時分。後來有人看不下去，央請當地嚮導協調數次，才獲得改善。

貼心廚師娜塔莎

娜塔莎是出生在哈薩克的俄羅斯人。做菜時，隨身收音機播放著 1960 年代美式搖滾，並跟著哼哼唱唱。過去在絲路上用餐，我們大多得自己去桶子裡撈出可能還濕答答的餐盤和叉匙。只有在哈薩克時，盤子一定是乾的，叉子下面還會鋪上餐巾紙。這全拜細心娜塔莎的貼心之賜。

一派優雅溫柔的娜塔莎，再忙，也堅持要在廚房抽空喝杯加了鮮奶的下午茶。

她接的案子大多是上流家庭的宴客外燴排場，起先聽到絲路團隊

的國際性組合以及關懷土地的任務，沒想太多就決定接了。

當她踏入因陋就簡的現場，以及不甚友善的亞歷山大，她霎時反應不過來。但自我要求嚴格的她，很快就學習接受，並盡力做到最好。

有時，受不了亞歷山大的脾氣，她氣哭了之後，邊嘆氣邊笑他，好像發生的情況都在她掌握之中。

一天四餐的日子確實是累垮她了，有一天她因血糖過低，生了一場大病，休息了兩天，亞歷山大一人得準備全隊四餐，也操翻了。就是那場病了之後，他才改變趾高氣昂的態度，兩人不平等的分工才有了改變。

有一天，主食是白麵，備餐時納塔沙眼眶含著淚，沒有太多人注意到，但是一直到吃完洗碗時，她的雙眼還是紅的。若軒湊上去詢問，兩人竟相擁而泣……

這陣子，她和若軒的相處，就像土耳其廚師穆亞默和有成（隨隊媒體）一樣，有著相互扶持的特殊感情。若軒很喜歡在她身邊打轉，把電腦拿到「廚房」裡跟她一起工作，偷吃一點前菜，試吃著她正在調理的主食。

許久之後，她滿懷歉意的解釋：「麵煮太久，都軟了，對不起！對不起！」

她實在是高估我們對食物的要求了。也許坐在一個鋪有白桌布，點著燭光的餐廳，等著主廚的招牌麵條上桌後，我們會屏氣靜心的感受品嘗。但是在絲路，大家固然在意吃的，但對吃的標準，遠不到細細品味的階段。對於她要求完美的廚師堅持，既心疼又無奈。

她的拿手絕活，是擀麵烤製的奶油麵包，尤其是在野外，熱騰騰的捧在手裡，那種溫新的幸福滋味，教人久久難忘！

／捌／ 哈薩克 Kazakhstan

擁抱絲路

／捌／ 哈薩克 Kazakhstan

擁抱絲路

／捌／ 哈薩克 Kazakhstan

擁抱絲路

玖.
Mainland China
中國大陸

團隊就要前進中國大陸了！
雖然是最後一個國家，
但仍有四千多公里，近兩個月的漫漫旅程⋯⋯
從絲路的六個國家來看，這最後一段路途，
我們所付出的努力、投入的時間和資源，
幾乎占去所有籌備工作的八成以上，
背後的困難程度與複雜性之高，不難想見。
甚至，在進入邊境四週之前，
我曾私下通知安德魯，如果因經費問題與中方談不攏，
我們得準備兩套腹案：
跑到大陸邊境折返絲路南線，回到薩爾馬罕。
當然，這只是備而不用⋯⋯

路為艱 行為遠
When the Going Gets Tough,
The Tough Gets Going.

我深知「擁抱絲路」對於意志力極限的考驗，不僅僅在於一萬公里的路程上，無論颱風下雨或溽暑曝曬，跑者都得撐起日漸消瘦的身軀，繼續日復一日的七十公里路跑；也不只是後勤團隊如何與各地嚮導、廚師、司機、政府和警察，磨合「每天搬家」的團體作業和因地制宜的生活作息，以成就跑者的奮鬥。

對我來說，「擁抱絲路」更是如何憑著一股理念以及眾多支持者的熱情，把接連不斷的挑戰——包括經費的短絀、簽證的取得、各界窗口在文化上的隔閡、乃至每天都要面對相伴相隨的希望與挫敗等等，視之為一門必修的課業，一項必要的修練。

所以，在這過程裡，我沒有太多抱怨，也沒有預留消化情緒的時間；這些障礙，就當成行經顛頗路面，快速自眼際流過的風景，只有以一逕向前的姿態，將之拋諸腦後。

儘管在一年多的時間內，我已往返兩岸二十七趟。在進入新疆以前，除了臺商張瑞麟先生如寒夜端來熱湯般的贊助記者會、新疆入境儀式和一路協助與官方溝通外，其他數十場的贊助拜訪上，我一無所獲。固然我們這些共同發起人在大陸沒有什麼知名度，也缺乏社會資源，在起步上就顯得蹣跚踉蹌；後來在進入新疆與當地後勤團隊的合作上，亦時有扞格、有不足為外人道的磨擦和辛酸。

其中一個很弔詭的原因，是華語。

這項看似方便的溝通媒介，讓我們天真的以為，在彼此交流過後，可以產生習慣預期的反應。其實，說著相同的母語，用在商業場合、專業討論或運動休閒等領域，確實得心應手；但若用之於溝通精神

擁抱絲路

理念，希冀引起滿腔熱血的共鳴，進而付諸行動，語言就不是關鍵；背後的養成文化、社會結構、政治制度、對外處境、甚至地理氣候等，在在影響我們對於某個現象和觀念的解讀，它所引起的細膩動機頻率和挑動底層神經的反應光譜，各有不同。

以「擁抱絲路」來說，我們期望藉由穿越東西方古文明通道的極限體驗，以呼籲世人關懷地球家園，關心水資源等問題。對於臺灣來說，投身或贊助這個活動，可以是基於為臺灣在國際上爭光、或有感於一群人願意放下穩定的工作做一件前所未有的探險、或者藉此為腳下的土地和大我的人類社會盡一分心力等等，這些來自臺灣社會的認同與支持，是在歷經幾十年的發展興衰以及特定的共同事件洗練之後，才得以對於我們企圖播種發芽的概念與行動形成認同。

然而，對土地遼闊、人口眾多的大陸來說，他們正經歷科技、經濟、工業、生活的快速成長和巨大轉型，有著自身關注的重大議題，從大國崛起的典範與定位、沿海內路的經濟發展、交通狀況的瓶頸或農產品價格的狂飆等。

我們原期望種下一樣的理念，能夠獲得相同的果實。但很快的認知到，種在不同的土壤，怎麼樣都難以開花結果。所以，在理念以外，我必須尋求兩岸共同記憶或心理投射的載體，試圖找到打開對岸心靈大門的鑰匙。

早在活動構想之初，我和共同發起人明松就設定攀登三個高峰的目標，期盼得到總統馬英九、連戰主席以及創作歌手周杰倫的支持。

希望見到馬總統，當然是借助他登高一呼，提昇絲路活動的高度和能見度，並爭取政府的支持與贊助。我很清楚，想見領袖政要請求協助的人隨時都成百上千。除了緊緊的抓住任何一絲機會，在過去數百次與不同的人會面時，都會詢問誰能幫忙外，運氣也很重要，因為實在很難解釋，究竟是依循什麼模式，最終讓我們做到的。

魅力結緣 I ：馬英九總統

以總統來說，我們曾循正常管道數度請求會面未果。

約半年後，在中天電視整合行銷部任職的黃俊仁先生，有一天主動打電話來，問有什麼可以合作和幫忙的地方。幾年前，馬英九先生擔任市長期間內，他曾促成市長為義傑的極限馬拉松加油；後來，馬任國民黨主席時，他曾擔任主席下鄉「Long Stay」的攝影。我向他說明絲路活動背景後，他慨然諾允促成會面，並主動提出幫我們籌募贊助，還要建議中天電視成為我們的隨團媒體夥伴。

這一連串帶著些許江湖味、豪氣干雲的話，我雖半信半疑，但總是多開了一扇機會之窗。我對每一個善意的表態，都是這麼謙卑的想著。

在後續溝通的過程裡，他總覺得我有點不食人間煙火，成了他掛在口裡，過度理想性的「夢想家」。時而會捏把冷汗，遂常當我的面，自嘲自己的「市儈」，善意的提醒我如何冷靜的面對各種贊助利益、交換和人情冷暖。

但在我眼中，其實他是過於自謙了。他的確膽量過人、勇於承諾、而且有精準出手的執行力。首先，他不但讓我們進了總統府，還以「治國週記」的輕鬆對談方式，讓馬總統在青年節訪問義傑。其次，中天電視不僅同意製做新聞專題，還創下臺灣電視新聞史上，送記者團隊出外景長達一百五十天的最長紀錄。

至於贊助，是比他想像的困難。但除了總統個人捐輸外，因為這場會面，立法委員蔡錦隆打鐵趁熱，建議總統表達後續支持，因而促成政府和國營事業的贊助。在不同的場合，我想知道能為俊仁做些什麼。唯一一次和他與眾人吃飯的場合，竟發現他有點靦腆。滴酒不沾的他總回我說，能對絲路團隊有貢獻，對他的肯定，自然而來，要我不必想太多。

魅力結緣 II：周杰倫

連戰和周杰倫因經常往返大陸，魅力所向披靡，在對岸擁有極高的人氣。杰倫是透過劉畊宏介紹的。

在我們去杰威爾公司拜訪的二、三十分鐘會面裡，杰倫沒有電視上常見的，人在魂不在、一派漫不經心、不在乎的神情。聽完我的說明後，靜默的他，只說：「這個活動比世博還屌！」接著，他答應我們會全力支持這個活動，配合的行程會請「榮哥」（杰威爾總經理楊峻榮）和我們討論。

我還記得和榮哥約談細節是在 2010 年 8 月 31 日下午四點半。早上我和太太一起去體檢，因該診所以腸鏡檢查和醫療聞名，填資料時，問我做腸鏡檢查若檢出瘜肉，是否趁全身麻醉，一併做內視鏡手術切除？太太說我未來一年都挪不出時間做別的事，最好一次解決；還又補充，她去年檢查，什麼瘜肉也沒有。聽起來很合理，

就填了同意書。怎知醒來，護士孫倩婷小姐叫醒我，說我有三處大腸息肉和良性腫瘤，已順利割除，縫了十七針。他建議我休息一會兒，搭計程車回去休息。

我看了一下手錶，說不行，我得開車去長春路開會。她拗不過我，扶我走到幾百公尺遠的停車場。

到了杰威爾，我不動聲色的提出幾項請求：請杰倫擔任我們的共同發起人、為這個活動作一首曲子、出席北京記者會和西安授證儀式。

結果，他全部一口答應。而且還主動提出會幫我們在大陸找贊助的意願。

之後，杰倫大陸經紀公司總經理陳中，的確很費心的一一接觸杰倫的廣告主，也介紹給我洽談，雖然最終一無所獲，但大家都盡了力。

此外，身為虔誠基督徒的昇宏，在絲路活動當中，號召藝人參加臺灣起跑活動；草擬記者會有關杰倫、義傑和他的對話腳本；義務參加所有的出席活動。

他幾番告訴我，這個活動對臺灣年輕人有很正面的意義，杰倫能參與這件事，對杰倫本人也會產生正面的能量，這是他之所以樂意站出來的原因。

魅力結緣Ⅲ：連戰

而連戰主席方面，起初和接觸總統府的經驗差不多，不得其門而入。

有一天，長期在大陸發展的高中同學，也曾是我事業夥伴的林昭憲，來協會找我，看可以幫得上什麼忙。說著說著，他提起在臺大的學長──前臺中縣副縣長張壯熙。因大臺中縣市合併，覺得政治圈也待夠久了，想做點不一樣的事，正四處拜會長官舊識，進行「請益之旅」。

見面之後，他起先很保留，後來他半開玩笑的譏諷我：「到底你的腦袋結構是怎麼長的？來作嫁做這種事？真搞不懂你！」笑歸笑，他很具體的告訴我：「我來試試幫你約見連主席！」

依他的建議，我先後寫過兩封信給連辦公室主任。六月初，終於收到接見通知。

由壯熙和明松陪同，我向連主席報告了當時團隊行進到伊朗的狀況。言談之間，發現他對中西亞的地理文明，相當熟

稔,還糾正了我有關土耳其東部幼發拉底河上游誤說成底格里斯河的口誤。

他問:「執行長想要我做什麼?」

經過一年多的磨練,我知道必須克服怯生和怕麻煩別人的扭捏個性,緊抓這稍縱即逝的機會,不卑不亢的說出我需要的協助。「主席,我需要的協助很多,但最重要、也是別人無可取代的,就是團隊在跑進大陸以後,需要一個能夠代表臺灣、又深受對岸敬重的大家長,在9月16日出席西安終點儀式。西安是您的出生地,今年是中華民國誕生一百年,相信這是一個別具意義的慶祝方式!」

語畢,現場沉寂了好一會兒。

連主席抬起頭說:「我今年雖有兩個大陸行程,但這個活動的意

義很好，我會盡量安排。」他接著開出兩個「條件」：「第一，你要好好照顧隊員，讓他們健健康康的跑完全程。第二，辦這個活動，要注意兩岸對等的問題。我出去不只是代表個人，相信你明白這一點。」這哪是條件？明眼人一聽就知道是老人家含蓄首肯的表達和提點。

　　隔了幾天，他創立的「青年發展基金會」，約我和壯熙見面，約見的人是基金會執行長，前青輔會主委黃德福老師。他語帶幽默的提醒我需要注意的可能細節外，告訴我：「主席交代要基金會和你們合作，要出點錢、出點力。你寫個簡單的文，我來申請錢；出力的部分，我會邀一些臺灣青年一起跟你們跑西安城牆，機票住宿也會自付，你就不用操心了。」

　　這些大人物的參與，真的是點滴在心頭。雖然藉由幾位素昧平生的朋友熱心協助，讓我成功攀登這三座高峰，得到他們的寶貴的支持。但我必須謹守本分，不能渲染他們的善意，不代傳任何第三方的訊息，不打著招牌膨脹自我。我必須謹守民間個人的身分，在兩岸特殊的關係上，不斷穿梭溝通。

　　皇天不負苦心人，在團隊進入甘肅之際，終於得到極具企業精神，又有理念共鳴的西安當地文旅企業，慷慨贊助晚會活動和膳宿，完全解決我們最後的預算缺口。

相知相惜 Stand By Me

在和新疆地勤團隊交接幾天後，康華準備回北京的前一天晚上，他一貫側著頭、反覆咀嚼才徐徐托出想法的哲學家風格叮囑：

「進入中國以後，安德魯必須改變他什麼事都管得哪麼細的做事方式，這在中國行不通。他得放手，這個活動對地球探索保護協會來說，是民間活動；對中登協來說，協調沿途政府出這麼多力，是政府行為……」

聽他講得那麼嚴肅，有點不自在，我隨口塘塞：「我跟他說～他就會改啊？」

他轉過頭來：「當然～一路上從頭到尾，安德魯盡其所能的，就是依你的價值觀和想法，忠誠的執行他的工作，這話一點兒都不假！完全就是這種狀態！」

我頓時語塞，浮現我與安德魯兩人過去共事和對話的場景，圍繞著一種屬於老派的默契氛圍。

出發前的兩個月，安德魯告訴我，整個絲路長征，只有義傑有過世界級的極限長跑經驗，他希望能夠再有至少一名實力相當的長跑者加入。以橫越撒哈拉來說，在出發成軍之前，義傑、雷札哈布（Ray Zahab）和查理 · 安果（Charlie Engle）都是世界知名、排名頂尖的極限長跑者，體能通過嚴苛考驗。 即便如此，如紀錄片中的內容，一開始，義傑跑得很辛苦，幸有兩位資深的隊員提攜鼓勵，順利完成這項挑戰。

這次絲路的距離超過撒哈啦，因此曾數度建議再加一名英國或美國的實力跑者。當時雖有適合人選，但義傑因擔心人數過多，跑者的協調和溝通會太複雜而拒絕。

出發去伊斯坦堡之前，明松幫安德魯和我送行。用餐時，安德魯

擁抱絲路

擁抱絲路

再度表示憂心，尤其對茱蒂的體能感到懷疑。這種手中王牌不夠的忐忑，我也了然於心，但箭在弦上，只能硬挺下去。

明松只好以半賴皮的方式，打破低迷的氣氛，豪氣的說：「我們來賭，如果茱蒂跑完全程，你請我喝一瓶 Petru；如果她沒跑完，我請你喝！」

說完，他怔了一下，臉色脹紅的笑了。他父親有一塊葡萄園和小酒莊，當然知道這瓶紅酒的價值不斐。

然而，十天後，起跑日前一晚，為了祝福茱蒂，幫她加油，安德魯加入若軒戒菸的行列，還向她要了戒菸口香糖。雖然，他們在茱蒂退出後都破戒了。

摳門領隊，殺價功夫一流

在路上，他不時會問我募款的進度。雖早已列了一個鉅細靡遺的預算表給我，但是他總是能省則省，免費最好。在伊斯坦堡購買營具設備時，我便領教過安德魯的殺價功夫。

在比過幾家店後，他會先做小範圍的選購，問了目標店家的價格後，進行第一階段的折扣要求；然後再擴大購買品項，店家正露齒微笑時，他會接著問是否能加深折扣；接著出去其他商店詢價，再折回來，悶不吭聲的繼續問更多商品規格和使用方法。此時，他拿出相關報紙報導和政府公文，和店家老闆哈拉，邀他們參加起跑儀式。最後，好不容易談妥友情價，再要求加送托運。

他給當地嚮導或採購人員的現金是每天一次，也會過問每一項柴米油鹽醬醋茶的價格。

若因治安或天候考量，非住旅館不可，每每嚮導開心的找到一個絕佳性價比的落腳處，打電話給安德魯，他常平靜的回答：「那真的很棒！在哪裡？……距離長跑路線多遠？……附早餐嗎？……廚師可以用旅館設備煮飯嗎？……」

有一回，我比其他團員早到旅館，見著許多清潔人員從房間拿出一盒盒牙刷、牙膏、洗髮精、肥皂……。我問飯店人員怎麼回事？她回：「經理說，你們的價格實在『很特別』，要我們把這些消耗品收起來……」

聽了，真後悔這麼一問。他的節儉，有些嚮導，如土耳其的諾兒（Nur），覺得很受不了。她還曾安慰起康華：「我告訴你，安德魯的祖籍是蘇格蘭，蘇格蘭人天生就是摳……」

有些嚮導則奉為圭桌，像是伊朗的阿將（Arjiang），總讓我們餐餐食無肉味，連我都抗議詰問。這回，安德魯是背了黑鍋。阿將覺得我們很窮，除了跑者的三餐特例處理外，肉的採購分量不足，廚師只有用碎肉，夾雜在飯或蔬菜裡頭。安德魯說了幾次都沒見改變，後來親自跟他去市場幾次，才有所改善。

大家都是求好心切

衣著邋遢、頭髮零亂、可以一個月不洗卡其褲的安德魯，言談幽默，善於自嘲，教人不會設防。尤其他在亞洲生活多年，熟稔「面子、關係、輩分」等不成文的應對進退，習慣用淺白的英文和生動的肢體語言溝通，不論是兒童、老人和政府官員，都覺得他分外親切，好相處。

同時，他又不忘自身使命和所為何來，故談笑風生之餘，能巧妙的導入正題。因此他在「擁抱絲路」的領隊角色裡，扮演的外交官部分，極為出色。

特別是伊朗和中亞國家，多由奧會協調地方體育單位官員協助，他成長於眾多運動起源地的英國，又曾參與舉辦運動博覽會和相關競技電視節目，故總能在絲路各國，找到當地受歡迎的運動為話題，破冰切入，拉近距離。有一天在裡海附近的城市，碰到一名卡巴迪

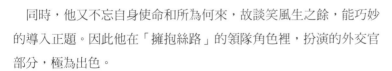

／玖／ 中國大陸 Mainland China

（Kabaddi，意為「抓不到」，類似「老鷹抓小雞」的運動）的裁判，他很訝異安德魯知道這種偏門的運動，興奮的接連探訪。

畢竟路程太長、離家太遠，不管喜不喜歡，所有的人都得朝夕相處；一個眼神、一段對話，有可能像慢動作般的特寫、放大。身為領隊，得眼觀四面、耳聽八方、圍起重重防線。

以小葉來說，是性情中人，他起先不太適應團隊的工作方式，有時會大聲抱怨或下指導棋；有時會在臉書發表一些對當地的負面看法，安德魯需隨時以網路翻譯器掌握狀況。若覺不妥，會託我與之溝通。在伊朗中毒事件發生時，小葉衝進醫院拍攝跑者中毒的痛楚，斷定被人下藥的報導，讓我們很困擾，安德魯更是坐立難安，擔心這可能引起伊朗政府不悅，對團隊的行進產生影響。

不過，卻也因為這事件，雙方不斷溝通，反而彼此熟稔了起來。

擁抱絲路

小葉逐漸明瞭我們的種種考量，後來他還幾番主動幫安德魯和義傑，和同為攝影師的有成、家興溝通。甚至，在記者們不能進入土庫曼而滯留伊朗的期間，小葉狠狠的 K 了英文。在烏茲別克再會面時，已能直接和安德魯說上幾句話，讓他很感動。

　　若軒是另一個讓他頭痛的人。每每得知某個誘人的場景或故事，若軒總會慫恿旅遊衛視的好好先生韓非和劉硯，邀他們一起探訪；即便是當地政府明令禁止，她還是會不聽話的央求當地團隊帶她離隊拍照，有的嚮導被煩得向安德魯抱怨。

　　在伊朗的某一天，我在對街看到若軒對著一個頭帶黑圓盤帽、穿著破舊西裝、騎著驢子的老人比手畫腳，問他家在哪兒，可不可以跟他回家拍照？

　　又有一次，她貪圖哈薩克一處無際草原的美景，天都黑了，不見

她回來，大家很著急。待他如妹的宏柏，氣得不想跟她說話，安德魯就更不用說了，恨不得在他身上裝個電子腳鐐。

小葉常問我，是不是我帶給若軒很大的壓力，讓她如此不計後果的拍攝？

隔了幾天，我在霍爾果斯邊關迎接團隊，一一和團隊成員擁抱，累積陰霾情緒許久的若軒，抱著我痛哭一場。

若軒可能是團隊裡工作時間最長的成員，白天拍攝，晚上編修畫面、傳輸拍攝資料。工作時，她可以不顧一切的拔腿狂奔、攀岩登頂、甚至橫躺路中，只是為了找到理想的角度。她知道我需要多一些畫面紀錄，將絲路文明的各種面貌，呈現世人，而她本人對此也有強烈的使命感。

安德魯知道我的兩難。在我暗中鼓勵若軒勇往直前的同時，他總會預設最壞狀況，必要時會出手干預，圈住她。

擁抱絲路的大支柱

安德魯的最佳防護網，恐怕是彼此語言不通，但總能有效穩定軍心的陳宏柏。

長期從事森林調查員工作的宏柏，跟很多重機騎士相似，看來孔武有力，其實上是一頭披著狼皮的羊，有著細緻的溫柔性格。

通常在康華勘查營後，他倆會一起討論跑者、廚師、後勤、當地團隊營帳的位置，然後營區的細部建置多由宏柏操盤。他的手極巧，無論什麼營帳設施遭到磨損或毀壞，他總能修補或因地制宜。每到一地，廚師總是第一個找他，問題從接水管、搭遮陽棚、修理電器到哪裡有電池、頭燈等，不一而足。

他本人除了是一本活生生的野營字典和 DIY 大全外，也負責照顧跑者的起居，尤其對義傑的照顧無微不至，不只負責他的個人行李，還幫他洗滌衣物。

／玖／ 中國大陸 Mainland China

宏柏的工作真得很吃重，尤其康華離開後，他還得兼顧探勘的工作，於是和宏柏培養起絕佳情誼的有成，就變成他營地管理的最佳夥伴。

對安德魯來說，最重要的任務是排除任何可能影響團隊行進的障礙因素，他必須經常告知跑者未來路徑的狀況、可能的選擇和宿營點的考量。在獲得沿線政府單位的安全支援與招待的同時，通常也意謂著我們必須有禮貌性的回饋；譬如，接受當地媒體採訪、與政府首長聚餐、參加歡迎儀式或造勢活動等。

如果這些活動，一個月來兩、三次，或許能為團隊寂寥疲憊的身心和枯燥的作息，帶來振奮的作用。但若邀約接連不斷，安德魯則必須小心處理，確保跑者不受干擾，也不傷了地方上的和氣。

儘管如此，他領隊的角色和所能發揮的空間，在大陸境內，受到很大的挑戰。

這種受到矚目的大型活動，勢必有政府的參與和督導；各省的後勤團隊，也是由相關體育單位協調指派。加上他們認定這是「兩岸」舉辦的活動，有些政府人員比較「熱情」、會要求團隊配合一些儀式和招待。其實，我們在事前已經預見可能會發生的狀況，尤其熟悉團隊運作的康華將行離開，我得找個說國語、懂大陸「潛規則」、又能維護團隊理念和獨立運作的人來幫安德魯才行。透過明松介紹，我邀請經常往返兩岸、擔任大學教務長的張慧文女士擔任副領隊。

由於慧文是在團隊進入大陸前的一星期，才由我電話口試拍板決定的。習慣掌控一切狀況的安德魯，起先很保留，認為不一定需要一個陌生人來接替康華。

慧文也嗅到這股狐疑的味道，從臺中出發去新疆前，她寫給我們：「我只是一個城市女孩，如果一個星期內還不適應，自己會乖乖的打包回家。」

慧文加入團隊不到幾天，安德魯半靦腆半興奮的告訴我：「她雖然被修理得很慘，但她真的很棒！」

慧文曾代表學校和西安幾所大學院校交流，但大西北的民風環境畢竟和學術圈截然不同。除了採購，她擔任安德魯的翻譯工作。雖然已收起平日剽悍的個性，但為了忠實按安德魯的想法辦事，她被誤認為帶有「臺灣的優越感」、或有「洋幫辦」之嫌，以致常與當地團隊起衝突。有幾次她遭到咆哮，安德魯氣不過，還找對方理論。

雖然安德魯尊我為「老闆」，但在我來來回回和團隊一起行進時，都儘量尊重他領隊的職權，自己隱身為聊聊天、幫忙搬運東西和配合打理環境的團員，不打亂他處理事情的風格和節奏，終究是他扛起全程領隊的責任。我只會在私下聊天喝酒時，分享我的觀察。

不過，到了末段，他的臉龐掩不住愈來愈深的倦容，尤其是「絲路大使」加入路跑陣容，規模變得龐大，與政府的聯繫更加頻繁，我才逐漸浮上檯面操盤。

絲路旅程結束後，他一個人跑到越南胡志明市，說是要放空。結果一落地，大病一場，身不離床。第四天，他才能開門走了出去。

「我又活過來了！」他說。

奔向終點 Running to the Finish Line

　　團隊進到大陸那一刻，固然對於跑者和後勤的整備能夠準時順利得像瑞士火車般在鐵道上前進，感到驕傲；但我這鋪蓋鐵軌的工人，無心也無暇品嘗一絲喜悅。

　　大陸段的行程，主要是由中登協的李文茂協調各省市的體育單位。我和他認識共事的過程，沒有比「不打不相識」更貼切的形容了。一開始收到我的提案時，他沒太理會，只是覺得：「這是什麼概念啊？不會成的！」不久，看我逐漸攀爬三座高峰的過程，他才漸漸認真起來。

擁抱絲路

不打不相識的好兄弟

我們溝通的過程不算順暢，主要是贊助未到位，故一直無法確認配合的規格和資源的規畫所致；其次是本來就不甚黯人情世故的我，不太讀得懂大陸的官場文化和期待，因而跌跌撞撞，無法有效掌握推進的節奏。

後來，有幾分了解時，有些時候還可能得「裝不懂」。因為我人單力薄，沒有足夠的能量去和一個體系做廣泛的對話，否則產生時而冷淡、時而熱絡的印象，更會造成「信任」的崩解。

我一直很清楚，「信任」這無形的資產，是我得以不斷向上架起活動組織結構、向外拓展人際網路平臺的基礎，一旦有破綻，就會支離破碎。

中登協的李文茂來自吉林，他曾拿過幾次中國攀岩比賽的冠軍，年紀輕輕就擔任中登協新項目部的部長，負責攀岩、攀冰和新興戶外運動的推廣。他咄咄逼人的氣息，一直讓我很難適應。為了協助我順利的和官方溝通，張瑞麟先生還派了他的老北京部屬小杜（杜林海），陪我到處開會，提供意見。

後來康華告訴我，文茂有著標準「東北虎」的性格──火爆、直爽，氣頭上似乎不講理，但情緒一過，像不曾發生任何事一樣，轉個彎，繼續解決問題。

康華說得沒錯！仔細回想，單單是他得協調四千多公里沿線的體育單位，一條鞭式的溝通我們的路線和計畫，並要求作出配合，實屬不易。

雖然他是中央，但各地方單位並不完全直屬於中登協，他沒有完整的管轄權；尤其，大西北的地理遙遠、民情各異，文茂必須紮紮實實的架起一個環環相連的體系，並滿足各方的需求，的確很不容易。

以新疆入境儀式來說，除了省、州、市的體育單位需要協調外，還需動用海關、軍隊、武警和交警。那幾天，我和文茂四處參與協調會，就充分體會其中的複雜性。雖然如此，會議結論的執行力，令人刮目相看：

協調哈薩克車輛得以免驗方式進到中國海關，卸貨後再原車折返；通關時，霍爾果斯海關暫停所有出入境業務，禮遇絲路團隊快速通過；出關時，門口常見的攤販、貨車、遊覽車全部清空，廣場出現歡迎的軍警，以及新疆哈薩克族女孩的表演。

行筆至此，不禁想到，將來文茂和中登協該怎麼還這些人情？

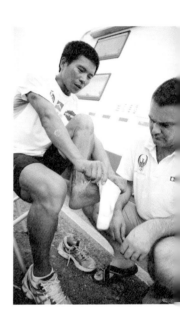

怎麼說「不打不相識」呢？雖然磨擦不可免，但到了中後段行程，他很少用官對民的語氣，告訴我什麼地方還做不到位；出現問題，多會設法自行處理。

一晚，當我們一起推演儀式流程時，他側著頭對我說：「不曉得你是認、還是不認我這個兄弟？我是認了！希望咱們以後還有合作的機會，我會幫你找贊助！」

當下，我全副心思還在絲路路跑，壓根兒沒想過、也不可能好高騖遠的看下一步，我恐怕只是彆扭的隨口回他兩句。

但我真正想說的是：「在人生的道路上，還有什麼能比多一個兄弟，更讓人溫暖的呢！我歡欣接受，更感謝他的肯定！」

將心照明月

邊境歡迎儀式，在鑼鼓喧天的熱鬧氣氛下完成。接著，新疆以沿途交管的規格，護送跑者一里一里的跑下去。

我無心享受成就感，眼看著團隊抵達終點的日期進入倒數，絲路大使將在甘肅和陝西交界，加入路跑的行列，我必須安排額外的宿

G30
杨凌　天水
Yangling　Tianshui
西安　兰州
Xi'an　Lanzhou
入口 1km ↑

擁抱絲路

營設備和服務人力；連戰和杰倫以及許多政經貴賓將會到西安加油，接待事宜需要協調；團隊的西安入城儀式和晚會流程，也待規畫。

儘管新疆蒼芎遼闊、美不勝收，但在協助團隊與當地後勤的運作磨合數日後，我便趕回臺北，和夥伴們一起討論並草擬這最後的篇章。

團隊行進到甘肅之際，終於盼到好消息，西安的城牆路跑、晚會和住宿都有了著落。於是我邀明松一起去西安探查晚會場地，和贊助單位討論節目內容及流程。

會議中，對方負責宣傳的同仁頻問我媒體計畫的內涵，雖然我透過張瑞麟先生請來一些大陸全國性媒體。但對我來說，畢竟是在異地，又非商業性的操作，很難具體保證媒體曝光的量化指標。

對方主管李東見此商談有點繞圈圈，拉了我到電梯口，他點起菸告訴我：「執行長，這個活動的意義和高度都很好～」停頓了一會兒，他汲吸一口菸，再徐徐吐出，接續說：「對我們來說～最重要的，就是做好接待。從下周起，我會挑一批最優秀的服務人員來接受訓練，為這個項目努力。您把貴賓名單，早日確認給我。至於我們同仁要求的媒體曝光，那是其次，您不用太擔心！」

回到會議桌，他直接說：「大家都辛苦了，討論也告一段落，成果很具體，可以去吃飯了。」

對他，除了感謝，就只有銘記在心。

當天下午，明松當仁不讓主導活動內容的企畫。

雖然他經常舉辦各型記者會和企業活動，但在大陸策畫冠蓋雲集的盛會，應是首次。不過，以他犀利的觀察力，設身處事的敏感度以及多年練就出霸氣中帶有細節的溝通能力，絕對不是問題。

果然，在首度會面的工作小組會議中，只見他如大廚烹小鮮般，對當地負責平面、舞臺、節目、多媒體和接待的工作人員，氣定但

迅速熟練的如揮手撥沙畫般，一一描繪出節目概念、舞臺設計、場地布置、影片剪輯、人員流程走位和燈光音響效果等。

隔天，我和明松一起出發到甘肅探望團隊，這是他第一次來到絲路。

和他相識近十年，他的行程從來都像灌香腸一樣，塞得滿滿的。只有凌晨時刻的短暫休息，才打一個結。不明白他何以有源源不斷的精力和發表議論的十足中氣。我猜，工作本身就是他的動力，愈是陌生的領域、刁鑽的主題、能對話的高手，就帶給他愈多的氧氣和營養補充。

即便對大多數人來說，欣賞藝術是個饗宴，但他要的更多。

有一次，我們一起看雲門舞集的表演，他整場用手機輸入觀賞的感想、回溯其他類型表演並與之對照評析。他不滿足於純粹的欣賞，還要能夠同步反芻自己的體會，發表其觸類旁通的跨界應用之可能，是典型的一心多用、贏者全拿的創業者風格。

設計裝潢新居，也是他的鍾愛的興趣。

這種兼具品味、藝術、抽象概念和繁瑣組織的工作，非常合他的脾胃。擘想之初，他會準備一分帶有抒情詩意象的簡報。不是先談空間、風格、作息、社交需求等實際的規格，而是從人生階段的演繹和反思開始，為他階段性的蛻變，寫下相互輝映的風華。

不過在設計圖完成，擇定了時尚雋永家具，腦中浮現各就各位的嶄新空間的時候，他的興奮高潮，就此打包。享受具體的成果或品味當下，對他來說，過於奢侈，也嫌無聊。

西安會議結束後，我們先飛到蘭州，然後搭六個小時左右的車程，沿河西走廊往北走，到武威市涼州區的團隊紮營地。

明松一向重美食，是他繁忙工作行程的一大慰藉，但黃土沿途，只見拼湊門面的穆斯林食坊，讓他走不進去；要借廁所，還掩鼻而

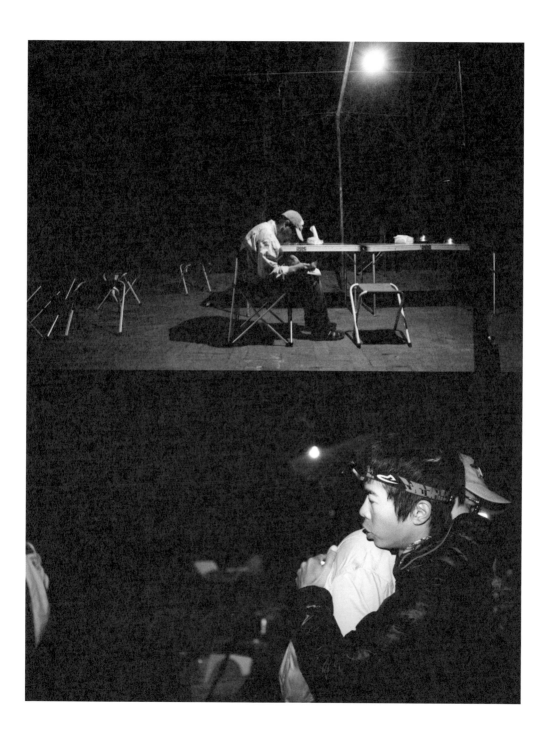

／玖／ 中國大陸 Mainland China

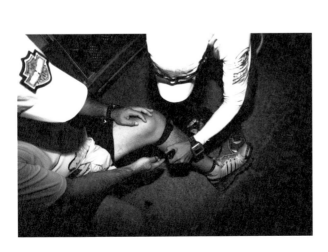

擁抱絲路

退；到了團隊營地，在荒漠動物園的一角，他明知我們住帳篷，但親眼目睹，仍顯得僵硬不自在，花了好長時間驅除帳內蚊蟲，整理衣物。

我沒氣的笑說：「怎麼好像帶個閨女逛大街似的，這麼彆扭！」

他噘起嘴回道：「我是花蓮鄉下長大的，什麼環境都能適應。只是我這次只來一天，『選擇不適應』。」

大夥兒喝著他千里迢迢攜來的紅酒，吃著應景的月餅，在柳樹搖曳，星光垂暮的夜空下，連忙回應稱是，開開心心的叨絮舊時情。

過去一年多來，他協助招募了近一半的贊助，也是我宣洩壓力和情緒的對象。我做得辛苦，因他而起；這個活動得以順利完成，他功不可沒。

絲路大使紀事

參加最後七天路跑的十四位大使，是贊助我們活動的朋友。在報名絲路活動以前，一半以上從來沒跑過馬拉松。我高中的死黨林昭憲，甚至從沒跑超過三千公尺。

有些畫面，是一輩子都不會忘記的。

高一時，一個放學後的下午，外面毫不客氣的下著太陽雨。我困在嘉義山仔頂上的教室，無法到隸屬救國團的嘉義幼獅合唱團練唱。他見狀，把傘遞給我：「你趕快去合唱團，別遲到了！」

「那你怎麼回家？」

「你感冒就不能唱了耶！你的喉嚨比較重要，反正我回家可以馬上洗熱水澡、看電視，沒差啦～」

三十年後，我到上海參加由仲瑜為我舉辦的「擁抱絲路」說明會。久居大陸的他，幫我塞一串拜會行程，他和自家司機載著我們到處跑。末了，又是陰雨。我接下來還有其他朋友安排的地方要去。他

把傘留給我，逕自打開車門走出去。

雨真的不小。濕了頭的他，揮著手說：「我待會兒還有事，司機給你留著用，抱歉我先走了。」

「那你怎麼去？」

「哎呀！上海是我的地盤，我去『打的』了。」

體重一百多公斤的昭憲，這回飛來參加絲路大使活動。在倒數三天，我先離開團隊到西安，作最後的準備。他協助協會工作同仁，幫忙招呼絲路大使。同時，他跑出七天一百公里的紀錄。

9月10日，大使抵達甘肅邊界的東岔鎮，第一晚就下起滂沱大雨，至隔晨不止。在收起營具時，像在營地旁的河裡浣衣一樣，浸透了。我們決定轉住旅館。

觀察入微的佟德望說：「志龍，我知道這不在你們預算範圍內，我們住宿自理！」

但其實後來何止自理，大使們輪流招待全部團隊的膳宿，讓大夥兒享受一路以來最長時間的優渥待遇。

對絲路活動一直很熱心，數度幫忙介紹贊助的他，是政大企家班高我一屆的學長。記得有一回陪我在北京做一場說明會，已經不知聽了多少遍，他竟然還流淚不能自抑。

德望以前最恨跑步，但一年多前決定贊助後，不知怎的豁出去了。他很有步驟的練習，不但研讀相關書籍，還找教練提升體能，階段性的參加五公里、十公里、半程馬拉松等賽事，體重也降了十多公斤。他跑出癮頭來還不夠，不但呼朋引伴，像是大使之一、也不喜歡跑步的黃齊力，最後還吆喝家人一起跑。

8月上旬，我們在日月潭幫大使辦了一個集訓營，告知他們行前注意事項，並對體能和跑步的要求，做一次行前檢驗，好讓他們有所準備和因應。

／玖／ 中國大陸 Mainland China

擁抱絲路

11日早上從臺北出發時，德望頗開心的述說這一段日子以來的練習成果，還覺得我們的集訓課程可能過於輕鬆云云。

當天下午，大使起跑時，天空飄著小雨，大家心想這也會是未來絲路上碰到的狀況，當成是考驗就好，不以為意。

跑著跑著，漸漸彎入潭南——地利段的陡升坡，絲絲小雨轉成暴雷雨。

沒幾公里，除了身經百戰的斯紹華（他曾到伊朗探班陪跑四天）和有長跑經驗的黃茂書，繼續前進外，其餘都上氣不接下氣、臉色發白的上了工作人員的保母車，回到地勢平緩的潭邊，待雨勢稍歇再恢復練跑。

其實要恢復甚至修補的，是這些檯面上人物難以收回的面子和嚴重受創的信心。其中徐佩勝先生跑不到一千公尺就變成徒步健行，甚至說出可能不參加絲路長跑的喪氣話。

晚上，紹華打圓場，幫忙檢視隔天的路程和協調跑步的節奏。德望沒什麼表情的開個冷玩笑說：「Lisa（李易穎，我的特助）這個活動辦得很好，有九十九分～另一分是天意！」

氣氛之低迷，讓籌辦這次活動的易穎壓力極大。當晚，她為自己選擇的路線過於艱難而自責痛哭。不過，這也許成就了美事一樁。

日月潭集訓之後，德望更謹慎小心的看待這項挑戰，減少應酬，調整作息，專心一致的鍛鍊體力和訓練長跑。佩勝，則咬牙從頭練習。

一個月後，回到絲路見真章。

這回德望帶了太太黛瑜兩個兒子澤陽和澤侊一塊兒來跑。

第一天，許多大使輕鬆完成。佩勝雖然一路小心翼翼，但臉不紅、氣不喘的跑完。

到了第二、三天，大家開始跑得份外勞苦，更深深體會極限馬拉

松跑者的艱辛。

最後斯紹華和黃茂書陪跑者跑完七天全程；佟德望和陳焜耀（羽絨大王）完成兩百公里目標的馬拉松；徐佩勝、黃齊力和和張立泰（曾帶著我們到處拜會潛在贊助企業的室內設計師）也跑出 190 公里的成績。

終曲西安

9 月 16 日，D-Day。稍早，發生一段插曲。

兩天前，西安交警單位考量到西安繁忙壅塞的交通，一直希望我們的入城路跑能夠在半夜或凌晨舉行。

但這怎麼可能？

後來堅持，要我們七點前出發。

這令我很為難，因為從市郊到城牆不過一個多小時的時間，若跑者八點多到城牆，很多貴賓會趕不及到城牆參與歷史性的一刻。

後來，我請慧文先驅車準時抵達出發點，和交警致歉，表示跑者身體有點不舒服，晚一點才能到。

交警可能因為過去幾天的交涉，對我們的託辭，心裡有數，也不多為難，能向上頭交差就好。就在這樣的默契下，義傑、白斌在紹華和茂書的陪同下，八點多出發，一起往西安市邁進。

在此同時，另一位共同發起人郭大為，正忙著在城牆邊維持交通秩序，大聲和城牆管理單位溝通團隊進到甕城入口的注意事項。透過他的舅舅——在吳經國奧會辦公室擔任總監的曾永福先生，我們得以在伊朗及中亞國家取得奧林匹克委員會的資源，在簽證和沿途支援上，得到至為關鍵的協助；也借助大為在媒體界長久累積的人脈，讓我們順利的在臺北召開記者會，並不定期的供稿給新聞界。

／玖／ 中國大陸 Mainland China

擁抱絲路

牆內的人聲漸漸鼎沸，不到十點，在黃德福老師、連勝文先生、周俊吉董事長以及大陸奧會副主席吳齊的迎接下，團隊風風光光進入城牆，受到各界的鼓掌歡呼，這的確是他們應得的喝采。

稍事休息後，由黃德福和李德維先生帶領的「青年發展基金會」的朋友、慧文邀來的西安幾所大學學生，以及所有的絲路大使，陪同絲路團隊成員，包括義傑、白斌、領隊安德魯、物療師史帝芬、醫生喬，特助易穎、甚至還有明松七歲的兒子其閦、完成繞西安城牆一周——13.4 公里的最後路程。

至此，團隊終於結束 150 天、10000 公里的超級長征。

當晚，連戰先生率領了三十餘人的龐大代表團，在西安最高官方接待規格的大唐芙蓉園御宴宮，出席我們的授證儀式。

連主席的大陸邀約不知凡幾，出席這個活動並不會增添他的光采；特別是連戰主席當天因重感冒而完全失聲，但還是從上海趕到西安現場。致辭時，他委託丁懋時先生代為宣達。而接續的晚會則在杰倫和畊宏出場，全場服務人員，甚至是媒體記者，都變身成粉絲，湧上前臺後，在喧騰熱鬧的氣氛中結束。他的出現，無關黨派、無關政治，其實他就是代表協會的家長，代表臺灣，為我們親炙歷史土地、跨越國界的絲路之旅、畫下有尊嚴的驚嘆號！

沒想到，我們勇敢作夢，而夢境幻化般的情景，一一在眼前實現。

擁抱絲路

擁抱絲路

／玖／ 中國大陸 Mainland China

整個旅程，隨著極限長跑的腳步，
我們得以見證這鮮少出現在現代歷史主軸的絲路文明；
原來一個個遙遠模糊、甚至遭到世人誤解的地方，
可以藉由每一個相遇的異鄉人，
折射還原出如此斑斕壯闊、又發人深省的時空對話……
跨越藩籬的對話、
毫不保留的擁抱、惆悵同泣的共鳴
和扶持相挺的鼓勵，
這些記憶，刻印在我們的靈魂深處，
撫慰疲憊旅人的心，讓我們勇敢的繼續前進，
不論是在絲路，或是在人生的道路上……

拾.
After All
後記

勇敢的繼續前進

　　一年多前，明松帶著義傑來找我，希望我接下「擁抱絲路」的活動。我當時的企業主，也是明松和我在政治大學企業家班同學廖宜彥，對我突然提出辭呈，相當不諒解。在幾次和他晤談了之後，廖宜彥慷慨釋懷，也接受我對於這件事情，有一種「今天不做，明天會後悔」的毅然決然。

　　對我來說，這帶著浪漫色彩的決定，綜藝界才子王偉忠曾在周刊專欄裡調侃：

　　「我很多中年事業有成的朋友常覺得心靈空虛……有中年男察覺肉體衰退，於是以退為進挑戰登高山、三鐵，像我的朋友孫大偉就是如此……最近，這些中年男想突破的目標愈來愈難，張志龍過去

是外商公司 CEO，他策畫了『擁抱絲路』活動，要跑一萬公里，
還號召眾人陪跑，我說：『老弟，你這就是吃飽了撐著！如果家裡
還有兩小孩嗷嗷待哺看你跑不跑？』……」

不過，偉忠哥的記性不好，我真有兩個小孩。

浪漫的感覺，在活動正式進入緊鑼密鼓的籌備階段後，就消失無
蹤。取而代之的，是無間斷的挫敗挑戰，還有源源不絕的溫馨支持。

整個旅程，隨著極限長跑的腳步，我們得以見證這鮮少出現在現
代歷史主軸的絲路文明；原來一個個遙遠模糊、甚至遭到世人誤解
的地方，可以藉由每一個相遇的異鄉人，折射還原出如此斑斕壯闊、
又發人深省的時空對話；不論是自由繽紛的土耳其、仍在苦難中因
遭受抵制而受害最烈的伊朗（人）、富麗與原始並陳的土庫曼、絲
路古文明處處的烏茲別克、浩瀚草原接天際的哈薩克、或是同文同
種，似近還遠的中國大陸……

最教人銘記於心的，是跨越藩籬的對話、毫不保留的擁抱、惆悵
同泣的共鳴和扶持相挺的鼓勵，就是這些記憶，刻印在我們的靈魂
深處，撫慰疲憊旅人的心，讓我們勇敢的繼續前進，不論是在絲路，
或是在人生的道路上。

「擁抱絲路」團隊成員

共同發起人：劉明松、郭大為、林義傑、周杰倫、張志龍
顧　　問：吳經國、張瑞麟、馬孟明、林昭憲
執 行 長：張志龍
領　　隊：Andrew Strachan
副 領 隊：康華（土耳其～哈薩克段），張慧文（中國段）、劉峰（中國段）
跑　　者：林義傑、白斌、陳軍、Jodi Bloomer
物 療 師：Stephen McNally
醫　　師：Rachel Hadden（土耳其段）、Andrew Peacock（土耳其～哈薩克段）
　　　　　Joseph Ahn（哈薩克～中國段）
後　　勤：陳宏柏
平面攝影：陳若軒
電視攝影：葉蒼霖、林有成、傅家興、韓飛、劉硯、楊凡
執行長特助：李易穎
行銷經理：曾喜琴、林怡貞
總務會計：林怡君

嚮導：Nur Bulut（土耳其）、Dina Cheravand（伊朗）、Christina Tarasova（土庫曼）
　　　Aleksey Uryupov、Marat Mirzadjanov（烏茲別克）、Valentina Turan（哈薩克）

前期探勘：Donovan Webster、Juan-Antonio Puyol（Tony）、陳若軒

天	日期	距離	摘記
1	4月20日	50km	在雨天的聖索菲亞大教堂出發。沿路因交管，發生數起車禍，氣氛低迷緊張。
2	4月21日	61.74km	茱蒂退出，揮淚送別。慟！
3	4月22日	62.87km	在風光明媚的Sapanca Lake紮營。義傑腳痛的開始。
4	4月23日	67 km	
5	4月24日	62 km	派出所旁碎石坡宿營
6	4月25日	66.51km	山路大挑戰。又有新傷。
7	4月26日	40.57km	下午跑者休息。志龍從安卡拉出發到伊朗德黑蘭。
8	4月27日	56.41 km	陳軍加入傷兵行列。志龍拜會伊朗奧會秘書長。
9	4月28日	20.63 km	20里後，停跑。
10	4月29日	0km	休息。
11	4月30日	0km	移營到小鎮歐塔立卡（Ortalica），再休息。尋冰記。
12	5月1日	50.38 km	重新出發！
13	5月2日	57.07 km	
14	5月3日	65 km	70%的平路。
15	5月4日	65.7 km	體校住宿。
16	5月5日	70km	私校住宿。
17	5月6日	72.5 km	免費賓館。
18	5月7日	70.8km	跑了一天，在山上紮營。
19	5月8日	70.8 km	找到四星級飯店。
20	5月9日	72.8km	到了埃爾津詹（Erzincan），裝甲車出現。
21	5月10日	70.35 km	
22	5月11日	72.06km	一天內交替出現五次大雨和五次大太陽，外加一次冰雹。大上坡和下坡。
23	5月12日	72.7 km	
24	5月13日	73.34km	
25	5月14日	73.21km	
26	5月15日	71km	GPS不小心按到停止。
27	5月16日	44.61km	揮別土耳其，入境伊朗。瞥見阿拉拉山。
28	5月17日	71.23 km	伊朗銀行換鈔記。
29	5月18日	70.71km	雪山下的農舍旁紮營。
30	5月19日	71.42km	
31	5月20日	71.07 km	進入大不里士。攝影師造訪穴居城市康多凡。
32	5月21日	72.59 km	阿密爾的車因護跑者，遭到擦撞。
33	5月22日	74.52 km	
34	5月23日	60km	
35	5月24日	0km	陳軍休息一天。

36	5月25日	72.08km	全程大下坡至裏海。夜晚狗、牛咆嘯，不得好眠。
37	5月26日	75.92 km	平路、很熱。
38	5月27日	77.71km	陳軍無法跟上義傑和白斌。媒體車充當第二部補給車。
39	5月28日	75.26km	
40	5月29日	70.43km	陳軍休息。
41	5月30日	75.98km	
42	5月31日	74.74 km	炎熱潮濕空氣。
43	6月1日	76.66 km	
44	6月2日	72.2km	瘋狂車陣、炎熱潮濕空氣。
45	6月3日	62.49km	
46	6月4日	45.81km	
47	6月5日	67.36km	
48	6月6日	12.42 km	跑者中毒，送醫急救。蒂娜大哭。
49	6月7日	0km	跑者休養。國家森林公園宿營。
50	6月8日	80.34km	
51	6月9日	72.35km	
52	6月10日	75.26km	山路。
53	6月11日	70.1km	
54	6月12日	75.14 km	
55	6月13日	69 km	離開伊朗，進入土庫曼。攝影記者全數到德黑蘭蹲點。
56	6月14日	69 km	其熱無比的土庫曼。
57	6月15日	35km	
58	6月16日	74.57 km	住司機田真親戚潔芮克家。
59	6月17日	74.14km	
60	6月18日	75.67km	
61	6月19日	74.7 km	路過莫夫，流金歲月之城。
62	6月20日	70.6km	行經卡拉庫姆運河。
63	6月21日	72.13km	住絮柯意克咖啡館旁，遇見蘿憶洛。
64	6月22日	75.12km	
65	6月23日	15.16 km	白斌腹部病毒感染。
66	6月24日	48.95km	入境烏茲別克，沙塵暴。
67	6月25日	73.41km	和茱蒂在新疆戈壁重逢。
68	6月26日	73.01km	茱蒂參加戈壁極地馬拉松賽。
69	6月27日	74.19km	
70	6月28日	71.06 km	石頭路面凹凸不平。住學校後院。
71	6月29日	70.3 km	小葉在廁所前嘔吐。下午進駐撒馬爾罕。
72	6月30日	73.09km	茱蒂脫水，退出比賽。
73	7月1日	70.02km	
74	7月2日	67.2km	

75	7月3日	70.43km	
76	7月4日	30.5km	進入塔什干，遇見台灣女老師旅遊團。
77	7月5日	35.49km	入境哈薩克。
78	7月6日	70.77km	
79	7月7日	70.79 km	
80	7月8日	70.33km	進入怛邏斯（Taraz），唐朝大將唐仙芝戰敗之地。
81	7月9日	70.11km	
82	7月10日	70.52km	
83	7月11日	60.39km	
84	7月12日	70.23km	
85	7月13日	70km	住整修中的學校。
86	7月14日	70.24km	
87	7月15日	70.6km	若軒貪圖草原美景，晚歸，急壞大家。
88	7月16日	70.68km	
89	7月17日	36.6km	進阿拉木圖（Almaty）
90	7月18日	70.68km	
91	7月19日	70.4km	韓裔美籍醫生喬，加入團隊。進駐光城。
92	7月20日	65.48km	
93	7月21日	70.49 km	蒙古包度假村。
94	7月22日	60.4km	陳軍提前一天入境中國，退出團隊。
95	7月23日	32.66km	團隊進入中國，與若軒相擁而泣。
96	7月24日	70.72 km	駐紮二台。
97	7月25日	70.09km	豪大雨。
98	7月26日	70.11km	住進精河運動中心。
99	7月27日	70km	
100	7月28日	71.33km	烏蘇
101	7月29日	66.43km	
102	7月30日	70.25km	沙灣縣
103	7月31日	70.3 km	
104	8月1日	69.8km	古牧地鎮
105	8月2日	30.25km	
106	8月3日	65.17 km	甘河子鎮
107	8月4日	67.54km	
108	8月5日	67.32 km	
109	8月6日	68.41km	大石頭鄉
110	8月7日	68.36km	
111	8月8日	68.41km	八里坤
112	8月9日	68.32 km	
113	8月10日	68.58 km	白石頭鄉

114	8月11日	68.15 km	行經哈密。
115	8月12日	68.3km	高速公路路跑。
116	8月13日	68.3km	高速公路路跑。
117	8月14日	63.42 km	抵達新疆甘肅邊界星星峽。
118	8月15日	30.3km	沙塵滿天。
119	8月16日	60.85km	塞車。
120	8月17日	73.03km	
121	8月18日	75.31km	大逆風前進。
122	8月19日	75.41km	玉門關。
123	8月20日	72.61 km	
124	8月21日	73.82 km	抵達瓜州東80公里處。學長帶學生陪跑嘉峪關。
125	8月22日	70.9 km	
126	8月23日	70.35 km	
127	8月24日	35.4km	進入張掖市，休息半天。
128	8月25日	73.71km	
129	8月26日	70.33km	山丹縣。
130	8月27日	73.36 km	
131	8月28日	70.44km	志龍與明松在武威與團隊會合，住荒漠動物園。
132	8月29日	70.61 km	
133	8月30日	70.5km	永登警察局旁夜宿。
134	8月31日	70.42 km	
135	9月1日	38.42km	
136	9月2日	60.73km	凌晨四點半出發，進入蘭州。
137	9月3日	71.4km	
138	9月4日	68km	榆中、甘草店鎮。
139	9月5日	70km	
140	9月6日	75km	
141	9月7日	65km	通渭縣華嶺鄉。
142	9月8日	63.5km	到了甘谷。
143	9月9日	65km	絲路大使抵達西安，連夜趕車到甘肅東岔鎮。
144	9月10日	65km	
145	9月11日	65km	大雨中，抵達渭水。
146	9月12日	70km	到達甘陝邊界坪頭鎮。
147	9月13日	60km	進入寶雞。
148	9月14日	47km	
149	9月15日	55km	啞柏鎮到周至縣。
150	9月16日	14km	抵達西安！

擁抱絲路
斯人斯土與征途

作　　者／張志龍
攝　　影／陳若軒
美術設計／方麗卿
企畫選書人／賈俊國

總　編　輯／賈俊國
副總編輯／蘇士尹
資深主編／劉佳玲
行銷企畫／張莉榮

發 行 人／何飛鵬

法律顧問／台英國際商務法律事務所　羅明通律師
出　　版／布克文化出版事業部
　　　　　台北市中山區民生東路二段141號8樓
　　　　　電話：(02)2500-7008　傳真：(02)2502-7676
　　　　　Email：sbooker.service@cite.com.tw
發　　行／英屬蓋曼群島商家庭傳媒股份有限公司城邦分公司
　　　　　台北市中山區民生東路二段141號2樓
　　　　　書虫客服服務專線：(02)2500-7718；2500-7719
　　　　　24小時傳真專線：(02)2500-1990；2500-1991
　　　　　劃撥帳號：19863813；戶名：書虫股份有限公司
　　　　　讀者服務信箱：service@readingclub.com.tw
香港發行所／城邦（香港）出版集團有限公司
　　　　　香港灣仔駱克道193號東超商業中心1樓
　　　　　電話：+86-2508-6231　　傳真：+86-2578-9337
　　　　　Email：hkcite@biznetvigator.com
馬新發行所／城邦（馬新）出版集團 Cité (M) Sdn. Bhd. (458372U)
　　　　　11, Jalan 30D/146, Desa Tasik, Sungai Besi,
　　　　　57000 Kuala Lumpur, Malaysia.
　　　　　電話：+603-90563833　　傳真：+603-90562833
　　　　　Email：cite@cite.com.my
印　　刷／韋懋實業有限公司
初　　版／2012年（民101）06月
售　　價／499元

ISBN 978-986-6278-50-1

國家圖書館出版品預行編目(CIP)資料

擁抱絲路：斯人斯土與征途 / 張志龍作,
　-- 初版. -- 臺北市：布克文化出版：家庭
傳媒城邦分公司發行, 民101.05
　　面；　公分. -- (布克生活；32)
ISBN 978-986-6278-50-1(平裝)
1.人文地理 2.風物志 3.馬拉松賽跑 4.絲
路 5.亞洲
730.85　　　　　　　　　101009212